Alain Finkielkraut
Die Weisheit der Liebe

Aus dem Französischen
von Nicola Volland

Carl Hanser Verlag

Titel der Originalausgabe: *La sagesse de l'amour*
Editions Gallimard, Paris 1984

ISBN 3-446-14371-8
Schutzumschlag: Klaus Detjen
unter Verwendung einer Zeichnung von Auguste Rodin
Satz: LibroSatz, Kriftel
Druck und Bindung: Mühlberger, Augsburg
Printed in Germany

Inhalt

Für Sylvie Topaloff

In zahlreichen Sprachen gibt es ein Wort, das zugleich Geben und Nehmen, Wohltätigkeit und Habgier, Barmherzigkeit und Begehren bezeichnet – das Wort Liebe. Der brennende Wunsch eines Menschen nach Erfüllung und die rückhaltlose Selbstverleugnung fallen paradoxerweise in ein und demselben Begriff zusammen. Man spricht von Liebe, wenn die Sorge um sich selbst auf die Spitze getrieben und ebenso, wenn die Sorge um den Anderen in den Himmel gehoben wird.

Aber wer glaubt heute noch an Selbstlosigkeit? Wer nimmt noch für bare Münze, daß die Menschen sich mit Gottes Lohn zufrieden geben könnten? Seit dem Anbruch der Moderne leiten alle Genealogien der Moral die Unentgeltlichkeit von der Habgier und die edlen Taten vom Besitzstreben ab: keine Selbstaufgabe, die sich nicht letzten Endes für das Selbst bezahlt macht, keine Verschwendung ohne Ausgleich, keine Großzügigkeit, die nicht unterderhand und symbolisch befriedigt, kein Opfer schließlich, das nicht den imperialistischen Drang verriete, auf den Anderen einzuwirken und ihn zu besitzen. Jedes Geben ist räuberisch und unser ganzes Verhalten gewinnbringend, denken wir spontan. Scharfblick bedeutet für uns, unter der scheinbaren Aufopferung die Allgegenwart des Egozentrismus zu enthüllen. Der Mensch, so wie er ist, ist der Mensch, der nicht gibt. Das realistische Denken – frei von religiösen oder moralischen Geboten und ausschließlich den Tatsachen verpflichtet – hat bei der Liebe nur den Trieb zur Aneignung im Auge; dieser universalen Gefräßigkeit und der Herrschaft des Jeder-für-sich setzt das normative Denken den Wert der Selbstlosigkeit entgegen: die Nächsten-

liebe definiert den Menschen, wie er sein sollte oder wie
er morgen sein wird, wenn die Geschichte erst einmal
gründlich mit seiner einstigen Unterdrückung aufge-
räumt hat.

Hervorgegangen ist diese Spaltung aus dem Bemühen,
klar zu sehen. Doch diese Verbannung der Nächstenliebe
in die Sphäre des Idealen versetzt uns nicht unbedingt in
die Lage, das Wirkliche besser zu begreifen. Vielleicht
brauchen wir im Gegenteil altmodische Begriffe und ein
anderes Verhältnis als das des Besitzens, um die ursprüngliche Beziehung zum Anderen zu verstehen und,
davon ausgehend, die Liebesbeziehung ebenso wie den
Haß auf den anderen Menschen.

Erstes Kapitel

Die Begegnung mit dem Anderen

Oblomows Tragödie

Kurz nach der Befreiung von der deutschen Besatzung gründet Jean Wahl in Paris, rue de la Montagne-Sainte-Geneviève, das Collège philosophique. Heute fast völlig vergessen, war diese Einrichtung einige Jahre lang die Stätte des lebendigen Denkens in Frankreich. Hier konnte man tatsächlich unakademische Vorlesungen hören und neue Untersuchungen und wagemutige Forschungen zur Kenntnis nehmen, Dinge, für die weder in der Universität noch in den großen, mehr und mehr von den Auseinandersetzungen der Zeit mobilisierten Zeitschriften Platz war.

Man muß sich dieses Collège als einen gegen jeden Konformismus abgeschirmten Raum vorstellen, als eine vor der aufkommenden Tyrannei der Politik geschützte Enklave, die zugleich eine zaghafte und verschlafene philosophische Tradition durchbrach. Hier konnte sich das intellektuelle Experimentieren frei entfalten, ohne Hemmungen und manchmal auch ohne Absicherung: Rechenschaft brauchte es nur sich selbst abzulegen.

Ein Klima der allgemeinen Öffnung und der Neugierde für alles. Nichts, kein Thema, so trivial und untergeordnet es auch scheinen mochte, lag außerhalb des Untersuchungsfeldes der Philosophie. Es gab keine privilegierten oder spezifischen Gegenstände des Denkens mehr, keine *a priori* philosophische Wirklichkeit, die Suche nach der Bedeutung schien unbegrenzt. Man verwarf die gewohnten Unterscheidungen, traf die Wahl zwischen Fundamentalem und Unbedeutendem nicht im voraus. Die Philosophie hängte ihre früheren Kriterien an den Nagel, *kompromittierte sich*, machte sich gemein und suchte Gebiete der Existenz auf, in denen sie sich bis dahin nicht bewegt hatte; sie wagte sich an das Denken über alltägliche Bereiche, die sie vorher als ihres Interesses unwürdig erachtet hatte. Der Philosoph fühlte sich befreit: Er war nicht mehr jener ernsthafte Mann, der Gefangene einer erstarrten Konzeption von wichtig und unwichtig und lebenslänglich zu großen Problemen verurteilt. Er versöhnte sich mit der Lebenswelt. Alles reizte ihn zum Nachdenken, sogar und vor allem das, was er früher nicht hätte behandeln können, ohne an Ansehen zu verlieren.

Wie erklärt sich dieser plötzliche Heißhunger? Durch die beinahe gleichzeitige Entdeckung von Hegel, Husserl und Heidegger. Nun konnte sich die Philosophie nämlich nicht mehr damit begnügen, auf die Frage »was bin ich?« die cartesische Antwort »ich bin ein denkendes Wesen« anzubieten.* Das menschliche Dasein definierte sich nicht mehr einzig durch die Vernunft oder den Verstand, sondern durch zwei entscheidende Verstrickungen: die Begegnung mit dem Anderen und die Beziehung zum Sein. Verstrickungen und nicht Erkenntnis: nicht das Wissen eröffnet vorrangig den Zugang zum Sein oder zum Anderen, sondern Phänomene, die dem Denken vorausgehen, ein unfaßbares Unbehagen, Seelenzustände, die man lange für blind oder bloße Symptome gehalten hat. Der Umsturz war ungeheuer: die Unterteilung in »subjektiv« und »objektiv«, in das, was

---

* Vgl. Alexandre Kojève, *Hegel. Eine Vergegenwärtigung seines Denkens*, Frankfurt/Main 1975, S. 50

im Menschen Wahrnehmung der Welt und das, was Äußerung seiner selbst ist, geriet durcheinander. Die letzten Fragen erwuchsen aus der ganzen ungeordneten Fülle der Erfahrung, und Gegebenheiten, von denen man glaubte, sie seien rein psychischer Natur, erwiesen ihre enthüllende Kraft. Die Angst beispielsweise war kein Charakterzug mehr oder ein Absturz ins Irrationale, sondern eine direkte und unwiderrufliche Einbahnstraße ins Nichts.

Dehnte die Freudsche Schule die Kompetenz der Psychologie auf alle menschlichen Äußerungen aus, machte umgekehrt die Phänomenologie (denn so heißt diese Methode) das metaphysische Drama bekannt, das sich in den kleinen Nichtigkeiten des Lebens abspielt. So führten die plebejischen Sorgen zu den aristokratischen Problemen des Denkens, und, wie Lévinas in seinem Vorwort zu *Die Zeit und der Andere* – einer Sammlung von Vorlesungen, die er 1946/47 am Collège Philosophique gehalten hat – schreibt: »Die Wörter, die das bezeichneten, worum die Menschen sich immer gekümmert hatten, ohne es zu wagen, es sich in einem spekulativen Diskurs vorzustellen, nahmen den Rang von Kategorien an.«*

Nur ein Kreis von Spezialisten kannte und schätzte damals das Werk von Emmanuel Lévinas. Man hörte bei ihm am Collège philosophique, aber seine Worte fanden kaum Echo in den großen Debatten der Nachkriegszeit. Mehr als dreißig Jahre sollte es dauern, bis der Leserkreis dieses unaufdringlichen und anspruchsvollen

---

* Emmanuel Lévinas, *Die Zeit und der Andere*, Hamburg 1984, S. 12

Philosophen den Rahmen der Techniker der Philosophie sprengte und seine Arbeiten sich endlich auf das intellektuelle Leben auswirkten. Über den Sinn der Geschichte gebeugt oder eingetaucht in die Dringlichkeit der Revolution, hat man seine *unzeitgemäßen* Betrachtungen über die Verantwortlichkeit gegenüber dem Nächsten lange für *überholt* gehalten, sofern man sie überhaupt zur Kenntnis nahm. Die Rezession des Marxismus hat das Hindernis aus dem Weg geräumt. Heute wird Lévinas entdeckt, und das heißt nicht nur der Ernst der ethischen Sorge, sondern auch der unverhoffte Zauber, den romanhafte Themen in einem strengen, philosophischen Diskurs entfalten.

Was ist Existenz? Auf diese majestätische Frage antwortet Lévinas mit dem Bericht von einem winzigen Drama, dem nämlich, das den armen Oblomow überwältigt. Oblomow, eine berühmte Figur aus der russischen Literatur*, leidet an einer weit verbreiteten Krankheit: der Faulheit, die er bis zu einem globalen Widerwillen gegen jegliche Art von Ereignis steigert. Er sehnt sich nach völliger Windstille, kann aber sein Ideal nie ganz verwirklichen. Als Gutsbesitzer lebt er von den Einkünften aus seinen Ländereien, doch selbst der Müßiggang nimmt ihn noch zu sehr in Anspruch. Er muß über die Verwaltung seines Gutes wachen, Besuche machen, mit einem Wort: er muß leben, und seine monumentale Faulheit lehnt sich gegen alle diese Konzessionen auf. Also zieht er sich völlig zurück, flieht vor der Betriebsamkeit in die Apathie, läßt nicht einmal mehr

---

* Iwan A. Gontscharow, *Oblomow*, 1859

das Tageslicht in die vier Wände seines Zimmers. Umsonst! Immer noch ist für Oblomow zuviel Sein in der Luft, zuviel Tumult und Trubel in seiner Untätigkeit: Selbst wenn er seine Post nicht mehr öffnen, andere bitten würde, sich um die Verwaltung seiner Besitztümer zu kümmern, wenn er die letzten lästigen Besucher vertreiben und sein Leben im Liegen verbringen würde, kurz, wenn er ein für allemal beschließen würde, jegliche Verbindung mit der Außenwelt abzubrechen, um sich einer absoluten Trägheit zu überlassen, einer ungezügelten Schlaffheit – es verbliebe ihm jenes Werk, jene Last, jene Bürde, jenes Unternehmen, das man nie und nimmer verlassen kann: die Existenz. Gegen alles kann man in Streik treten, aber nicht gegen das Sein. Oblomow räumt die Hindernisse, die seiner Ruhe im Weg stehen, nur beiseite, um an diese unüberwindliche Barriere zu stoßen. Seine Faulheit ist ein nutzloses Seufzen.

Existieren, sagt Lévinas in seinen Vorlesungen am Collège philosophique, ist eine Bürde und keine Gnade. Es ist ein Angekettetsein an sich selbst, die Tatsache, daß das Ich ständig mit sich selbst überladen, in sich selbst verstrickt ist. Die Existenz drängt sich mit dem ganzen Gewicht eines unkündbaren Vertrages auf. »Man ist nicht, man *ist sich*«.* Ein Satz, in dem Sartres Formulierung aus *Zeit der Reife* anklingt: »Existieren: sich trinken, ohne Durst zu haben.«**

Das also ist der Zwang, der Oblomow »einen ohnmächtigen Widerwillen« einflößt und ihn zu seiner

---

* Emmanuel Lévinas, *De l'existence à l'existant*, Paris 1978, S. 38
** Jean-Paul Sartre, *Zeit der Reife*, Reinbek bei Hamburg 1961, S. 55

»freudlosen« Faulheit treibt.* In seiner *grundlegenden* Mattheit liegt ein Einspruch gegen die Bürde der Existenz. Hinter dem »du mußt tun«, dessen lästige Ermahnungen jeden Morgen über ihn hereinbrechen, vernimmt Oblomow ein noch unerbittlicheres und entmutigenderes »du mußt sein«. Denn dieser Faulenzer ist nicht Träger eines üblen Charakterfehlers, kein Opfer eines fernen Traumas oder Repräsentant einer zur Machtlosigkeit verurteilten Klasse, sondern ein Wesen, das, ohne die Mittel dazu zu haben, die Grundbedingung seines Seins ablehnt. Mehr als ein gesellschaftliches Symbol oder Anzeichen einer Neurose, ist seine Lethargie eine ontologische Erfahrung. Oblomow geht allen Verwicklungen aus dem Weg, ist ungeeignet für die großen Tragödien und zeugt dadurch von jener grundlegenden Tragödie: Müde oder lustlos weicht man vor der Existenz zurück, man schlurft vor sich hin, möchte manchmal »halt!« rufen, aber ein Ausbrechen ist unmöglich: der Mensch ist eingekeilt ins Sein.

Die Angst im Dunkeln

Um zu dieser Problematik zu gelangen, muß man zwei gegensätzliche Widerstände überwinden: den Sarkasmus und die Angst, die Selbstgefälligkeit und den Minderwertigkeitskomplex. Die Philosophie ruft nämlich beim gebildeten Leser – dem *honnète homme* von einst – eine doppelte Fluchtreaktion hervor. Zum einen ist er skep-

---

* Emmanuel Lévinas, *De l'existence à l'existant*, a.a.O., S. 38

tisch, hat nur mäßiges Vertrauen zu jenen nebulösen Konstruktionen, die nichts aus der Außenwelt bestehen lassen, zu jenen Systemen, die das Leben in eben dem Moment entleiben, in dem sie angeblich darüber sprechen. Er wird ärgerlich, wenn er ansehen muß, wie die menschliche Erfahrung in dunkle Texte eingesperrt und – Gipfel der Unverschämtheit – zu einem Geheimwissen wird, zu einer Beschäftigung für auserlesene Spezialisten. Der Laie kann den Philosophen nicht verzeihen, daß sie sich der Allerweltsprobleme bemächtigen, sie professionalisieren, verdunkeln und schließlich in einer Sprache wiedergeben, von der alle Welt ausgeschlossen ist.

Doch dieser Spötter ist auch ein verschüchterter Leser: Der gesunde Menschenverstand in ihm mißbilligt die spekulative Abstraktion und gleichzeitig fühlt er sich selbst zu beschränkt, zu hoffnungslos prosaisch, als daß er zu diesen Diskussionen der Eingeweihten zugelassen werden könnte. Wenn er betrübt und resigniert feststellt, daß die Reflexion ihre Könige hat und daß er für das reine Denken nicht ausgerüstet ist, wirft er die Flinte ins Korn und erklärt sich für inkompetent. Wenn er die Philosophie meidet oder umgeht, dann tut er dies auf gewissermaßen fromme Weise, in melancholischer Ehrerbietung und Entsagung: Er ist überzeugt, den Anforderungen nicht gewachsen zu sein. Im allgemeinen verängstigen ihn die Humanwissenschaften weniger als diese abrupte und souveräne Disziplin, die das Wesentliche so unvermittelt in Angriff nimmt. Kurz, von der Tätigkeit der Philosophie machen wir uns heute ein ebenso erhabenes wie lächerliches Bild: Gipfel des Wissens und

Paroxysmus des Irrealen; Grammatik des Denkens und reine verbale Willkür. Die Gehässigkeit (warum einfach, wenn es auch kompliziert geht?) und die Demut (wer bin ich, daß ich mich so hoch hinaus wagen könnte?) vereinigen sich und spalten die Philosophie von der lebendigen Kultur ab. Daß die Phänomenologie dieser Isolierung kein Ende gesetzt hat, nimmt nicht wunder. Sie beweist zwar, daß die Welt sich uns nicht in der Erkenntnis enthüllt, sondern in unserer Sorge, in unseren Abenteuern, ja sogar in unserer Leichtfertigkeit, sie macht aus dem »Kleinen« den Zugang zum »Großen« und bezeugt damit eine herrliche Vorliebe für das Winzige, doch umsonst: die Sache ist verloren, die Argumente überzeugen nicht. Ein Text braucht sich nur um die Frage nach dem »Sein« zu drehen, und die Mehrheit der Leser wendet sich – mit einem aus Verachtung und Schrecken gemischten Gefühl – sogleich ab.

Doch gerade dank der großen Heideggerschen Unterscheidung zwischen Seiendem und Sein, zwischen dem, was existiert (Individuum, Gattung, Gemeinschaft) und dem Akt oder Ereignis der Existenz, konnte Lévinas von innen heraus eine Erfahrung der Welt, die man sich kindlicher und unspekulativer nicht vorstellen kann, wiederaufleben lassen: die Angst, die das Kind empfindet, wenn es allein im Dunkeln ist. Wiederaufleben lassen und nicht wie die Psychologie interpretieren. Der »neue philosophische Schauder«*, den der Autor von *Sein und Zeit* eingeführt hat, erlaubte es, die Erklärung

* Emmanuel Lévinas, *L'existentialisme, l'angoisse et la mort,* in: *Exercices de la Patience* Nr. 3/4, 1982, S. 26

durch die Abwesenheit der Mutter außer Kraft zu setzen: Wenn das Kind keinen Schlaf findet, alle Lichter gelöscht sind und es beginnt, auf das nicht greifbare Rauschen der Nacht zu horchen, dann fürchtet es sich vor der Existenz in ihrer Reinheit ohne Existierendes, vor der anonymen Form des Seins.

Alles im Zimmer ist Schweigen, die Dinge scheinen ins Nichts zurückzukehren, die gespitzten Ohren indessen vernehmen in der Reglosigkeit ein befremdliches Rauschen. Es gibt nichts, aber diese Leere ist dicht, diese Stille ist laut, dieses Nichts ist bevölkert von winzigen Schauern und unbestimmbaren Detonationen; es gibt nichts als das Sein überhaupt, das unvermeidliche Murmeln des *Es gibt*. *Es gibt* immer, selbst wenn es nichts Bestimmtes gibt – und genau das stellt das Kind fest. Das Entsetzen erwacht in ihm, weil es sich von dieser Existenz ohne Konturen aufgesogen fühlt, und nicht, weil im Schutz der Dunkelheit gespenstische Gestalten oder phantastische Bilder auftauchen. Das kindliche Entsetzen enthüllt die Existenz als zugleich unpersönlich und dauerhaft. Es hört einfach nie auf. Aber was? Das Ereignis des Seins.

Nicht vor dem Tod ängstigt man sich in der nächtlichen Stille, sondern vor dem Sein. Weniger das Aufhören der Existenz als diese *unaufhörliche* Existenz, die einen umhüllt, versetzt einen in Angst und Schrecken. Dieses Konzert hat keine Pause, nicht der geringste Riß geht durch das lebenslängliche Sein. So läßt das Kind, das im Dunkeln eine Heideggersche Erfahrung macht, gleichzeitig das Klima dieser Philosophie hinter sich. Es erlebt nicht in der Angst die Offenbarung des Nichts, sondern im Entsetzen die Unmöglichkeit des Nichts. Mitten in der reinsten Stille, wenn die Aktivitäten des Tages ruhen und alles um einen herum schläft, dann taucht statt des Nichts ein nahezu unhörbares Plätschern auf, eine Atmosphäre, etwas Stoffliches. Die Existenz ist nicht aufgehoben. Ein lächerliches Entsetzen? Wie es um den Menschen steht, liegt vielleicht in jener Erfahrung begründet, die entscheidender ist als die Angst vor dem Nichts: dem Entsetzen vor dem Sein.

Bei Tagesanbruch findet jedes Ding wieder zu seinem angestammten Platz zurück, jeder Gegenstand hört wieder auf seinen Namen. Das Sein verhüllt sich, zerstreut sich in unterschiedliche Wirklichkeiten. Auch das Ich kehrt zu seiner Identität zurück. Es taucht aus der Unbestimmtheit auf, setzt sich, nimmt ein Wesen an, das wieder sein Wesen an der Seite anderer Wesen ist. Das Licht gibt der Welt ihr Gesicht zurück und vertreibt den Alptraum des *Es gibt*. Doch es ist nur ein halber Sieg: existieren bedeutet, die Anonymität des Seins zu unterbrechen, sich darin einen Privatbereich zurechtzuschneiden, eine eigene Welt – die Identität –, aber zugleich bedeutet es, daß man der Existenz nicht entfliehen oder sich auch nur auf kurze Zeit aus ihr entfernen kann. Man ist an sich selbst gekettet, wie ein Vogel auf dem Leim des Seins gefangen. Die Existenz, sagt Sartre, hier ganz ähnlich wie Lévinas, das sind massive Mauern, aus denen der Mensch nicht heraus kann. Dieses Gewicht, diese Unmöglichkeit, Schluß zu machen, dieses sich selbst ständig gegenwärtige Ich sind der Tribut, den jeder der Universalität des *Es gibt* zahlt. Daher auch, wie wir gesehen haben, Oblomows Trägheit. Denn schaut man hinter ihre konjunkturellen Anlässe, dann sind Faulheit und Müdigkeit metaphysische Schmollereien, Momente, in denen der Existierende der Existenz grollt, weil er das Gefühl hat, ein für allemal in der Falle zu sitzen. Es wird ihm klar, daß er nicht in Sicherheit ist, wenn er sich setzt, sondern weiterhin die Last seiner Existenz tragen muß:

Das Ich ist immer mit einem Fuß in seiner eigenen Existenz gefangen. Draußen im Verhältnis zu allem, steht es drinnen im Verhältnis zu sich selbst, ist es an sich selbst gebunden. An die Existenz, die es angenommen hat, ist es für immer gekettet. Diese Unmöglichkeit für das Ich, kein Selbst zu sein, kennzeichnet die grundlegende Tragik des Ichs, die Tatsache, daß es unlösbar mit seinem Sein verbunden ist.*

Tragik der Gefangenschaft im Sein, und nicht der Angst vor dem Nichts. Tragik des Angekettetseins an sich selbst und nicht Tragik einer Macht, die eine fremde Gewalt auf das Ich ausübt. Unsere spontane Philosophie setzt die Freiheit – Selbstbeherrschung – gegen die Entfremdung – Einfluß oder Herrschaft des Anderen. Unsere spontane Philosophie, das heißt die einfachste Moral (sein eigener Herr sein) ebenso wie die modernen Diskurse der Befreiung, die für das Subjekt eine endgültige Autonomie fordern und die volle Entfaltung seines persönlichen Daseins durch die Emanzipation von den äußeren Kräften sicherstellen wollen, denen es immer noch unterworfen ist. Doch Faulheit, Müdigkeit oder Schlaflosigkeit, zu wenig beachtete Empfindungen, zeigen uns, daß wir mit dieser Tradition und mit dieser

* Emmanuel Lévinas, *De l'existence à l'existant*, a.a.O., S. 143

Modernität falsch liegen: Diese Erfahrungen decken im Überdruß, man selbst zu sein, die Entfremdung par excellence auf. Nicht vom *Anderen*, sondern vom *Sein* wird die Urknechtschaft auferlegt, der erste Herr ist das Selbst, das das Ich unbarmherzig beschwert und verdoppelt, und das erste Band, in dem das Bewußtsein sich gefangen findet, ist das der Identität. Tiefgründiger und entscheidender als der Wunsch, man selbst zu sein, sich zu finden, sich von fremden Schlacken zu reinigen, ist vielleicht der Traum, von seinem Selbst losgelöst zu sein, dem Schicksal einer unvermeidlichen Heimkehr zu entgehen.

Das Antlitz

1947 veröffentlichte Lévinas *De l'existence à l'existant*. Geworben wurde für das Buch mit dem Satz: »Wo nicht von Angst die Rede ist.« Auf ebenso provozierende Weise geht es auch in den späteren großen Analysen der sozialen Beziehungen, der Begegnung mit dem anderen Menschen nicht vorrangig um den Kampf. Provokation, weil neben der Heideggerschen Angst zu jener Zeit die Hegelsche Dialektik von Herr und Knecht, der Krieg der Selbstbewußtseine das Denken beherrscht. Um diesen Grundkonflikt zu illustrieren, wählt Sartre sogar eine scheinbar völlig friedliche und belanglose Situation:

Ich befinde mich in einem öffentlichen Park. Nicht weit von mir sehe ich einen Rasen und am Rande des Rasens Stühle. Ein Mensch geht an den Stühlen vorbei.*

* Jean-Paul Sartre, *Das Sein und das Nichts*, Reinbek bei Hamburg 1962, S. 339

Die Ausstattung ist neutral, eine Handlung gibt es nicht. Alles ist ruhig, nichts geschieht. Keine Beziehung bindet mich an jenen Unbekannten, der durch denselben Park schlendert wie ich. Doch nun trifft mich unausweichlich und mitten ins Herz die Tatsache des Anderen als solche. Und diese Tatsache ist Gewalt. Mit einem flüchtigen Blick vertreibt dieser friedliche Spaziergänger mich aus dem Paradies und bedeutet mir, daß ich gefallen bin. Ich werde gesehen, das genügt, um mich in eine andere Welt zu versetzen. Ich war reine Freiheit, von jeglichem Bild unbelastetes Bewußtsein, »Transparenz ohne Gedächtnis und ohne Wirkung«; und nun bin ich plötzlich jemand geworden. Beobachtet, geprüft, gemustert, abgeschätzt oder einfach nur von einem fremden Blick wahrgenommen, habe ich eine Natur, die ich nicht zurückweisen kann und die mir nicht gehört, mein Sein ist außerhalb von mir, verwickelt in ein anderes Sein. Anders gesagt, das Auftauchen eines Anderen in meiner Umgebung löst ein doppeltes Unbehagen aus: sein Blick reduziert mich auf den Zustand eines Objekts, und als dieses werde ich mir selbst entzogen, weil ich für einen Anderen bin. Erstarrung und Enteignung, Sturz und Entfremdung: die bloße Tatsache, daß ich gesehen werde, macht aus mir einen Monolithen, ich bin in mir selbst gefangen und meiner selbst beraubt. In den Augen des Anderen bin ich dies oder jenes, und über diese versteinerte Realität habe ich keinerlei Gewalt.

(. . .) der Andere ist für mich der, der mir mein Sein gestohlen hat, und zugleich der, der es bewirkt, daß es ein Sein gibt, welches mein Sein ist.*

So hat mich der Andere, weil er mich ansieht, in der Hand. Und Sartre wird alle Formen des Begehrens – von der sadistischen Gewalt bis zur empfindsamen Liebe – als ebensoviele Kunstgriffe oder Kriegslisten beschreiben, die das Subjekt anwendet, um sich von diesem Zugriff zu befreien. Angesichts des Anderen, der mich besitzt, weil er mich sieht, wie ich mich niemals sehen werde, bin ich »Entwurf der Wiederinbesitznahme meines Seins«.**

Grundlage des Selbstbewußtseins ist nicht die Reflexion, sondern die Beziehung zum Anderen. Das menschliche Dasein ist sozial, bevor es vernünftig ist. Sozial und kriegerisch. Das Leben ist ein Roman, in dem ständig gekämpft wird – das ist Hegels harte Lektion. Alles ist Kampf, selbst die süßesten Augenblicke, selbst die idyllischen Gesten, die den Frieden zu preisen scheinen, selbst die liebliche Melodie durchscheinender Seelen oder verschmelzender Körper. Mit gnadenloser Strenge bringt die phänomenologische Beschreibung die Aggressivität und die Ränke an den Tag, die hinter der unschuldsvollen Liebkosung gesponnen werden. »Die Liebkosung ist nicht einfach ein leichtes Anstreifen: sie ist Formgebung. Wenn ich den Anderen liebkose, lasse ich sein Fleisch durch meine Liebkosung unter meinen Fingern entstehen. Die Liebkosung ist das Insgesamt der

* Ebd., S. 468
** Ebd.

26

Zeremonien, die den Anderen zu Fleisch werden lassen.«* Köstliche Berührung der Epidermen? Ein Hinterhalt für den Anderen, damit er auf seinen Blick, auf seine Freiheit verzichte und geschenkte Gegenwart werde. Eine Aufforderung zur Passivität. Ein Versuch, das begehrte Wesen in sein eigenes Fleisch zu stopfen, damit es nicht mehr entwische und damit ich meinerseits aufhöre, unter seinem Blick zu leben. So zärtlich oder leidenschaftlich die Liebkosung auch sein mag, sie ist beseelt von dem Wunsch, den Anderen unschädlich zu machen, ihn zu entwaffnen, ihn in ein Objekt zu verwandeln und ihn – statt daß er von allen Seiten über mich hinauswächst – in die Grenzen seines reinen Daseins einzuschließen. Eine Art, mich heimtückisch zu rächen, nicht mehr zur Schau gestellt, abhängig und besessen, sondern endlich selbst Besitzer zu sein. Durch die Liebkosung lähme ich nun meinerseits den- oder diejenige, dessen Blick mich im Sein gefangen hat, und ziehe ihn in die Trägheit hinein. Es gibt fürwahr keinen Waffenstillstand im Kampf der Selbstbewußtseine. Der Soldat auf Urlaub bleibt ein Frontsoldat: sogar die Ruhe des Kriegers ist noch eine Kriegslist.

Lévinas interessiert sich – wie Sartre – für die Situation par excellence, in der man nicht allein ist. Und ganz im Sinne der Hegelschen Lektion wird für ihn das Subjekt in dem Augenblick geboren, in dem es in Beziehung zu einem Anderen tritt. Aber diese Beziehung ist sehr eigenartig: sie setzt keinen Konflikt in Szene, doch deshalb auch noch lange keine Romanze. Um die Begeg-

* Ebd., S. 499

nung mit dem Anderen zu beschreiben, wirft Lévinas zugleich das Modell der Schäferidylle und das des Kampfes über Bord. Er übernimmt weder die einfältige Vorstellung einer ungetrübten Gegenseitigkeit noch das Bild eines erbarmungslosen Kampfes um die Anerkennung. Ohne sich im geringsten dem klebrigen Charme rückwärtsgewandter Utopien zu überlassen, ohne in die freundliche und abgeschmackte Sehnsucht nach einem Goldenen Zeitalter zu verfallen, in dem die Menschen sich liebten, weigert Lévinas sich, dem Krieg das Privileg des Ursprungs einzuräumen. In einer Zeit, die, in der Philosophie wie in der Politik, Scharfsinn anscheinend mit der Entdeckung von Konflikten verwechselt, wagt hier nun ein Philosoph zu behaupten: »Es ist nicht sicher, daß im Anfang der Krieg war.«* Der Krieg ist nicht das Urfaktum der Begegnung; aber auch der Frieden nicht, versteht man darunter die spontane Sympathie der Herzen oder »die glückliche Begegnung brüderlicher Seelen, die sich begrüßen und miteinander sprechen«.** Die soziale Beziehung ist »das Wunder des Aus-sich-Herausgehens«*** und erst in zweiter Linie schwankt sie zwischen den beiden Polen Harmonie und Krieg. Bevor ein Anderer die entfremdende Macht ist, die das Ich bedroht, überfällt oder verhext, ist er die außergewöhnliche Macht, die das Angekettetsein des Ichs an sich selbst sprengt, die das Ich von sich selbst entlastet, die Langeweile und Beschäftigung des Ichs mit sich selbst

* Emmanuel Lévinas, En découvrant l'existence avec Husserl et Heidegger, Paris 1974, S. 234
** Ebd., S. 178
*** Emmanuel Lévinas, Difficile Liberté, Paris 1976, S. 63

aufhebt und so den Existierenden vom Gewicht seiner eigenen Existenz befreit. Bevor ein Anderer Blick ist, ist er Antlitz.

Antlitz und nicht Zeichnung, nicht dem Abscheu oder der Bewunderung dargebotene plastische Form; Antlitz und nicht Text, der die Regungen der Seele aufzeichnet und sie dann einer unermüdlichen Entzifferung preisgibt. »Ein Kunstwerk«, schreibt Valéry, »sollte uns immer lehren, daß wir nicht gesehen haben, was wir sehen.« Das philosophische Werk von Lévinas lehrt uns nicht, das Antlitz besser oder anders zu sehen, sondern es nicht mehr mit dem gleichzusetzen, was der Blick ihm entnehmen kann. Lévinas weckt nicht unsere eingeschlafenen Sinne, indem er neues Licht auf eine Wirklichkeit wirft, zu der wir eine zweckdienliche oder mechanische Beziehung unterhielten; er erweckt uns aus der Wahrnehmung selbst. Sei diese Wahrnehmung nun ästhetischer oder kriminalistischer Art. Mag sie am Gesicht nun das Mienenspiel oder die Fülle der Zeichen schätzen. Mag sie ein Indiz suchen oder sich an der Anmut freuen. Mag sie der Leidenschaft des Anblicks oder der des Geheimnisses frönen. Im Wort Gesicht steckt das Wort Sehen, aber man darf sich von dieser optischen Verwandtschaft nicht täuschen lassen: Das Antlitz ist die einzige unerreichbare Beute für den Bilderjäger; das Auge kommt immer unverrichteter Dinge vom Antlitz des Anderen zurück; dieser zieht sich aus den Formen, die er annimmt, zurück, er durchkreuzt die Vorstellung, er ist fortwährender Einwand gegen den Blick, den ich auf ihn richte.

»Denn die Art und Weise wie der Andere sich vorstellt

– die über die *Idee des Anderen in mir* hinausgeht –
nennen wir Antlitz. Diese *Art und Weise* besteht nicht
darin, als Thema unter meinem Blick zu figurieren; sich
auszubreiten als ein Zusammenspiel von Eigenschaften,
die ein Bild ergeben. Das Antlitz eines Anderen zerstört,
sprengt immerzu das plastische Bild, das er mir hinter-
läßt, die Vorstellung nach meinem Maß, (. . .) die adä-
quate Vorstellung.«[*]

Das Antlitz oder der flüchtige Anblick. Das Gesicht
definiert sich positiv durch das Übertreten der Definition, durch diese Art, sich niemals genau an dem Platz zu
halten, den ihm meine schärfsten Worte oder selbst mein
durchdringendster Blick zuweisen. Es gibt im Anderen
immer einen Überschuß oder eine Abweichung im Vergleich zu dem, was ich von ihm weiß. Diese Maßlosig-
keit, dieses ständige Übersteigen der Intention durch das
Sein, auf das sie es abgesehen hat, heißt Antlitz. »Einem
Menschen begegnen heißt, von einem Rätsel wachgehal-
ten werden.«[**]

Das Antlitz ist also nicht die wahrnehmbare Form, die
man gewöhnlich unter diesem Namen präsentiert, sondern der Widerstand, den der Nächste seiner eigenen
Manifestation entgegensetzt, die Tatsache, daß er sich
von seinem Bild losspricht, sich über die Form hinaus
aufdrängt und mir nur seine Hülle überläßt, während ich
doch glaube, seine Wahrheit in Händen zu halten.

Diese Enttäuschung ist positiv, diese Niederlage heil-

---

[*] Emmanuel Lévinas, *Totalité et infini*, Den Haag 1971, S. 21
[**] Emmanuel Lévinas, *En découvrant l'existence avec Husserl et Heidegger*, a.a.O., S. 125; deutsch in: *Die Spur des Anderen*, Frei-burg i. Br. 1983, S. 120

sam. Man muß die Macht verlieren, um aus sich heraus-zukommen, gerade weil der Andere sich nicht anglei-chen läßt, wird er nicht mein und sind meine Erfahrun-gen nicht lauter Wendepunkte einer zwangsläufigen Rückkehr zu meiner Heimatinsel. Nichts auf der Welt als das Antlitz eines Anderen kann mich wirklich von mir selbst trennen und mich Abenteuer erleben lassen, die keine Odysseen sind. Ich nähere mich dem Antlitz, aber ich vereinnahme es nicht: wundervolle Ohnmacht, ohne die selbst das extravaganteste Leben eintönig wäre wie eine Reise von sich zu sich.

Ein freundliches Gesicht aufsetzen. Zwei Gesichter haben. Ein offenes Gesicht. Das Gesicht wahren: diese Redewendungen offenbaren die beiden gegensätzlichen Bedeutungen, die das Wort »Gesicht« in der Umgangs-sprache annimmt. Der Ausdruck bezeichnet zugleich die Erscheinung und das Wesen, das sich dahinter verbirgt und darin verrät, die Täuschungsmanöver und Kunst-griffe, die den Blick daran hindern, zur Wahrheit des Menschen vorzudringen, und ebendiese Wahrheit, die sich zeigt, wenn erst einmal die Masken heruntergeris-sen sind. So besitzt das Gesicht zwischen Bekenntnis und Schauspielerei, zwischen Fassade und Geständnis jene faszinierende Eigenart, sich dem Wissen darzubieten und zu entziehen. Es ist die Stelle des Körpers, wo die Seele sich zeigt und sich verkleidet. Man setzt eine un-durchdringliche Miene auf, und gegen seinen Willen trägt man dort seine geheimsten Gefühle zur Schau. Man schminkt sein Gesicht, um zu gefallen oder um die lauernden Blicke zu täuschen, und man trägt es vor sich her »wie eine Vertraulichkeit, von der man nichts weiß«

(Sartre). Jeder möchte sein eigenes Gesicht zähmen und damit bezaubern, es wie eine Waffe gebrauchen oder zu einer undurchdringlichen Oberfläche machen; jeder möchte seine schwarze Seele hinter einem perfiden Lächeln verbergen oder seinen Kummer hinter einer vergnügten Miene. Den Raffiniertesten gelingt das auch; die weniger Begabten werden von ihrer Seele genarrt, die das mühsam verborgene innere Durcheinander der Allgemeinheit preisgibt.

Aber, sagt Lévinas, dieser Gegensatz zwischen Sein und Schein ist nicht maßgeblich. Vor der Trennung in Verborgenes und Entblößtes, vor dem verwirrenden Geflecht von Körper und Seele liegt die Nacktheit des Antlitzes. Das Antlitz des Anderen ist nackt, bevor es gekünstelt oder authentisch ist, malerisch oder banal, verführerisch oder abstoßend, vertraulich wie ein zuletzt doch ausgeplaudertes Geheimnis oder undurchsichtig wie eine nicht zu entziffernde Hieroglyphe. Nackt, seiner intimsten oder seiner sichtbarsten Eigenheiten entkleidet, außerhalb der Lüge ebenso wie außerhalb der Wahrheit, anders als sein Spiegelbild in mir, zurückgezogen als ob es in seiner eigenen Gegenwart fehlte. »Das Antlitz ist jene Wirklichkeit par excellence, in der ein Wesen sich nicht durch seine Eigenschaften präsentiert (. . .).«*

Aber jene Wirklichkeit, über die ich nichts vermag, ist vollkommen ungeschützte Haut. Nacktheit, die sich jedem Attribut versagt und die kein Kleidungsstück verhüllt. Der unzugänglichste Teil des Körpers und der

* Emmanuel Lévinas, *Difficile liberté*, 1. Aufl. 1963, S. 326

32

verletzlichste. Überlegenheit und Armseligkeit. Weit über mir, entweicht mir das Antlitz, indem es sich seiner eigenen plastischen Beschaffenheit entledigt, und, schwächer als ich, hemmt es mich, wenn ich in seine schutzlosen Augen blicke. Getrennt von mir, übersteigt es meine Macht. Mittellos, wehrlos, exponiert es sich, so daß ich mich meiner Kälte oder meiner Heiterkeit schäme. Es widersteht mir und verlangt nach mir, ich bin nicht zuerst Betrachter, sondern sein Schuldner. Die Verantwortlichkeit für den Anderen geht der Kontemplation voraus. Das erste Von-Angesicht-zu-Angesicht ist ethisch: die Ästhetik kommt danach.

Auf Gedeih und Verderb mir ausgeliefert, dargeboten, unendlich zerbrechlich, herzzerreißend wie ein zurückgehaltenes Weinen, ruft das Antlitz mich zu Hilfe, und es liegt etwas Gebieterisches in diesem Flehen: Seine Not erregt nicht mein Mitleid, sondern indem es mir gebietet, ihm zu Hilfe zu kommen, tut es mir Gewalt an. Die demütige Nacktheit des Antlitzes fordert, als ob sie ihm zustehe, meine liebevolle Fürsorge und – so könnte man sagen, befürchtete man nicht, einen nunmehr lächerlichen Ausdruck zu verwenden – meine Barmherzigkeit. Denn meine Gesellschaft genügt dem Anderen nicht, wenn er sich mir durch das Antlitz offenbart: er verlangt, daß ich *für ihn* sei und nicht nur *mit ihm*.

So bin nicht ich zunächst egoistisch oder selbstlos, sondern es ist das Antlitz in seiner Nacktheit, das mich das Interesse an mir selbst verlieren läßt. Das Gute kommt von außen, die Ethik stößt mir zu, und gegen meinen Willen »geht mein Sein zu einem anderen«.*

Liebe läßt sich nicht erzwingen, sagt man. Eine oberflächliche Weisheit. Das Antlitz des Anderen schreibt mir die Liebe vor oder verbietet mir zumindest Gleichgültigkeit ihm gegenüber. Ich kann mich natürlich abwenden, ich kann den Gehorsam verweigern oder mich gegen die Vorschrift auflehnen, aber es steht keinesfalls in meiner Macht, sie nicht wahrzunehmen. Es ist also zwecklos, die Strenge des Gesetzes gegen die Inbrunst der Liebe setzen zu wollen. Das Antlitz bestürmt mich, fordert mich auf, gemeinsame Sache mit ihm zu machen, unterwirft mich seiner Schwäche, kurz: *verordnet mir, es zu lieben*. Und zweifellos ist es mir durch seine Weigerung, sich identifizieren zu lassen, überlegen und zugleich unterlegen, weil es mir auf Gedeih und Verderb ausgeliefert ist. Aber Demut und Hochmut sind die beiden Seiten seiner Herrschaft, in deren Zeichen mein Sein steht.

Das Antlitz drängt sich mir auf, ohne daß ich seinen Appell überhören oder vergessen könnte, will sagen, ohne daß ich aufhören könnte, für seine Not verantwortlich zu sein.**

* Emmanuel Lévinas, *Autrement qu'être ou au-delà de l'essence*, Den Haag 1978, S. 67
** Emmanuel Lévinas, *Humanisme de l'autre homme*, Montpellier 1972, S. 49

Zerfurchte Haut

Alter: stufenweises Zurücktreten aus der Erscheinung.

Goethe, Maximen und Reflexionen

Das Antlitz ist keine Landschaft. Es abzusuchen, ganz gleich, wieviel Geduld und wieviel Scharfsinn man darauf verwendet, bedeutet schon, es zu verfehlen, es mit seinem Bildnis zu verwechseln. »Das Antlitz, in dem ein Anderer sich mir zuwendet, erschöpft sich nicht in der Vorstellung des Antlitzes.«* Und doch läßt dieser entschieden unbildliche Zugang eine Ausnahme zu. Einmal verrät Lévinas sein Bekenntnis zur Abstraktion.

Der andere Mensch befiehlt durch sein Antlitz, das nicht eingeschlossen ist in die Form des Ersichtlichen, nackt, seiner Form beraubt, sogar seiner Gegenwart entkleidet, die es noch wie sein eigenes Porträt maskieren würde; zerfurchte Haut, Spur ihrer selbst, Gegenwart, die sich in jedem Augenblick und möglicherweise für immer in die Höhle des Todes zurückzieht.**

Zerfurchte Haut: das ist das einzige beschreibende Element, das einzige feststellbare Erkennungszeichen, das der Philosoph des Antlitzes dem Leser zugesteht. Aber weit davon entfernt, dem Anderen Gewicht zu verleihen, hebt diese eigenartige Körperlichkeit seine Flüchtigkeit noch hervor. Die Falten sind konkret und sichtbar, und entziehen das Antlitz doch dem Vorstellungsvermögen.

* Emmanuel Lévinas, *Totalité et infini*, a.a.O., S. 190
** Emmanuel Lévinas, *Humanisme de l'autre homme*, a.a.O., S. 15

Eben durch die Zerstörung, durch die Pfade, die sich im Gesicht gebahnt haben, entweicht das Antlitz mir und gebietet mir zugleich, es nicht allein zu lassen. Als ungewisse und gleichsam von einer Abwesenheit zerfressene Gegenwart ist der Nächste nicht ganz und gar in dem enthalten, was ich von ihm sehe: Die Falten schließen ihn aus dem Blick, der ihn erfaßt, aus, sie ziehen ihn zurück und sprechen ihn von meinem Leben los. Und gerade weil das Antlitz sich entfernt, drängt es sich auf. Mit seiner zerfurchten Haut verlangt es nach mir und läßt mich fallen, lädt mich vor und läßt mich sitzen, entweicht mir durch die Gefahr, die ihm droht, und ich müßte nicht für es aufkommen, wenn es nicht gerade in seiner Gegenwart im Begriff wäre zu verschwinden.

Im üblichen Sinne gibt es nur ein junges Gesicht. Was ist das Alter denn anderes als der unerbittliche Verfall, die Verunstaltung der Züge, die verheerenden Schäden, die die Zeit an den Menschen anrichtet, bis sie nicht mehr wiederzuerkennen sind? Das Alter ist die Verwüstung des Antlitzes. Lévinas dreht diese Perspektive völlig um. Ungeachtet des amtlichen Alters setzt er voraus: *Das Antlitz ist alt.* Das Alter verunstaltet das Gesicht nicht, sondern definiert es. Eine kaum wahrnehmbare Schwäche verwischt die Vollkommenheit oder die Anmut auch der jugendlichsten Physiognomien. Die Falten, die die Schönheit des Gesichts ruinieren, machen es zu jener flüchtigen und gebieterischen Wirklichkeit, für die mir die Verantwortung zufällt. Mit seiner zerfurchten Haut ist der Andere nicht der Gegner des Ichs, sondern die Aufgabe, die ihm zu treuen Händen übergeben wird.

Die Scham

Im Talmud findet sich folgendes Lehrstück: Ein Weiser sagt zu seinem Sohn: »Wie schlecht dieses Schriftstück abgefaßt ist!« Der Sohn antwortet sofort: »Nicht ich habe diese Urkunde geschrieben, sondern Juda, der Schneider.« – »Keine Verleumdung!« gibt der Vater darauf zurück. Ein andermal, bei der Lektüre eines Kapitels aus dem Buch der Psalmen, ruft derselbe Weise aus: »Wie gut dieses Exemplar geschrieben ist!« – »Nicht ich habe es geschrieben, sondern Juda, der Schneider«, sagt der Sohn. – »Keine Verleumdung!« entscheidet der Vater erneut. Und es wird erklärt, daß man niemals Gutes über seinen Nächsten sagen darf, denn das bringt einen dazu, Schlechtes über ihn zu sagen.*

Auf den ersten Blick ist der Sinn dieser Moral der, daß jedes Lob bereits die Gefahr seiner eigenen Umkehrung in sich birgt. So wie die Menschen nun einmal sind, und weil die Mißgunst über der Mannigfaltigkeit der menschlichen Leidenschaften thront, kann man jemandes Wert nicht rühmen, ohne sich im voraus an den Niederträchtigkeiten zu ergötzen, die ihn wohl bald von seinem Sockel purzeln lassen werden. Je mehr der andere sich auszeichnet, desto mehr nehme ich ihm die Bewunderung übel, die seine Heldentaten mir abnötigen: später wird er mich für die Kränze, die ich seinen Erfolgen oder seinen Fähigkeiten winde, entschädigen müssen. Meine Lobgesänge wollen gerächt sein.

---

* *Aggadoth du Talmud de Babylone*, übersetzt und mit Anmerkungen versehen von Arlette Elkaïm-Sartre, 1982, S. 990

Die Klugheit gebietet also, das Lob zu verschweigen, um nicht anschließend der Versuchung der Herabwürdigung zu erliegen.

Doch diese illusionslose Moral schöpft den Reichtum der talmudischen Geschichte nicht aus. Seinem Sohn antwortet der Weise zweimal hintereinander mit genau denselben Worten, so daß zwischen Verherrlichung und Verleumdung nicht nur ein kausaler Zusammenhang, sondern auch eine Äquivalenz entsteht. Ob man sich nun vor seiner Geschicklichkeit verneigt oder seine Ungeschicklichkeit lächerlich macht, in jedem Fall findet Juda, der Schneider, sich *gekennzeichnet*. Darin liegt die ursprüngliche Gewalt, und nicht im abfälligen oder schmeichelhaften Charakter der verwendeten Worte. Dem völlig spontanen Lob ein kategorisches »Keine Verleumdung!« entgegenzuhalten, bedeutet, die Aggressivität jener unschuldigen Geste anzuprangern: von einem Menschen zu sprechen, mit ihm in der dritten Person zu verfahren.

Wollten wir uns wortwörtlich an die talmudische Vorschrift halten, wären wir zweifellos zum Schweigen oder zu einer Sprache der reinen Anrufung verurteilt: »er« sagen, hieße dann in der Tat schon, schlecht über jemanden reden. Doch diese Moral will nicht pünktlich befolgt werden, sie erinnert uns nur daran, daß ein Anderer niemals ein beliebiges Thema sein kann, und daß »er«, das Pronomen der Nicht-Person, wohl »das bösartigste Wort der Sprache« ist.* Man redet von seinem Nächsten aus allerlei guten Gründen, aber auch, um nicht die

* Roland Barthes, *Über mich selbst*, München 1978, S. 183

38

Verantwortung für ihn übernehmen zu müssen; man deckt die Nacktheit des Antlitzes mit Prädikaten zu, um seinen Ruf nicht hören zu müssen; man stattet es mit Eigenschaften aus und geht damit seiner Aufforderung geschickt aus dem Weg: Das ist das Wesen der Verleumdung, und die Lüge ist nur eine besonders heftige Form dieses fundamentalen Ausbrechens.

Auf die Liste der Verleumdungen gehören für unseren Weisen zweifellos jene großmütigen Parolen, die heute die Andersartigkeit feiern und früher verabscheute oder verachtete Lebensformen oder ethnische Besonderheiten zu Werten erklären. Es gibt zwar nichts Schlimmeres, als seine eigene Lebensweise zur universellen Norm zu erheben und denjenigen das Menschsein abzusprechen, deren Gebräuche uns fremd sind oder deren Haut eine andere Farbe zeigt. Die Vielfalt der Kulturen muß unermüdlich gegen die Ambitionen des Ethnozentrismus verteidigt werden. Bleibt jedoch eine Gemeinsamkeit zwischen Aufwertung und Ausschluß der Andersartigkeit: *die Zuweisung der Differenz*, die Tatsache, daß der Nächste mit seinen Eigenheiten verwechselt wird. Von der Verachtung oder Angst vor den Schwarzen bis zu der Formel »Black is beautiful« hat ein beachtlicher Fortschritt stattgefunden, aber in beiden Fällen bleibt das Gesicht an seine Äußerung gekettet, dazu verurteilt, ununterbrochen einer eindeutigen Botschaft Ausdruck zu verleihen. Die Vergötterung hält die üble Nachrede wach.

Wenn der Andere ist, was er ist, hört er auf, anders zu sein. Sein Außen-sein wird eingegliedert und seine gebieterische Macht zugunsten seines Bildes vertrieben. Man befreit nicht den Anderen, indem man ihn mit einer einmaligen oder gar vortrefflichen Beschaffenheit ausstattet, man befreit sich von ihm. Kurz, ein Antlitz, das mit seiner Andersartigkeit identifiziert wird, ist ein Antlitz, das seiner Andersheit beraubt ist. Es klagt nicht mehr an, beschwört nicht mehr, weil es nicht mehr beschämt. Die Verleumdung hat die Ordnung wieder hergestellt.

Denn die Verwirrung vor dem Anderen geht allen Vorstellungen, die wir uns von ihm machen, voraus. Diese richtigen oder falschen, schmeichelhaften oder gehässigen Vorstellungen entspringen vielleicht alle ein und demselben Wunsch: der ursprünglichen Infragestellung unserer selbst zu entkommen. »Wir verleihen dem Anderen durch unsere Scham eine unzweifelhafte Gegenwart«, schreibt Sartre. Und Lévinas könnte sich diesen Satz, der im Unbehagen die erste Erfahrung des Miteinanders sieht, zu eigen machen. Aber Sartre versteht den Anderen als Blick, der mich zum Objekt erstarren läßt und meine luftige Freiheit auf der Leimrute des Seins fängt. Lévinas beschreibt den Anderen als Antlitz, das mir die unbesorgte Gewißheit streitig macht, ich hätte ein Recht auf das Sein. Was mich zurückhält, was meine Spontaneität versteinert, das ist nicht der verdinglichende Blick eines Anderen, sondern seine Verlassenheit, seine wehrlose Nacktheit. Was mir unversehens das Blut in die Wangen treibt und mich verlegen macht, das ist nicht die Entfremdung meiner Freiheit, sondern meine Freiheit selbst: ich fühle mich nicht angegriffen, sondern selbst als Angreifer. Das Antlitz des Nächsten beschuldigt mich, im Sein zu verharren, egoistisch und ohne Rücksicht auf alles, was nicht Ich bin. Und die Schüchternheit, die daraus resultiert, bedeutet, daß in mir eine moralische Besorgnis auftaucht. Aus Scham gebe ich nicht dem Konflikt, dem Kampf der Selbstbewußtseine auf Leben und Tod statt, sondern dem Skrupel, dem Bewußtsein meiner natürlichen Ungerechtigkeit.

So tut das Antlitz des Anderen doppelt wohl: indem es das Ich von sich befreit und indem es das Ich von seiner Selbstgefälligkeit und seinem Hochmut heilt. Den einfachen Worten »ich bin« gibt Lévinas entweder den tragischen Sinn eines Gefangenseins oder den siegessicheren Sinn einer »Kraft, die voranschreitet«.* Überdruß und Imperialismus. Unausweichlichkeit und wilde Lebenskraft. »Ankettung an sich selbst, wo das Ich in sich erstickt«**, und Verharren im Sein, wo das Ich töricht seinem Verlangen folgt oder klug seinem Nutzen den Vorrang gibt und sich jedenfalls um nichts anderes als sich selbst schert. Das Sein, diese grundlegende Entfremdung, ist die unlösbare Verbindung mit sich selbst, aber auch – und dies ist die ursprüngliche Gewalt – das bedenkenlose Eindringen in die Welt. Sein bedeutet zugleich steckenbleiben und sich ausbreiten, *mit* sich ein kläglich unlösbares Paar bilden und *für* sich in völliger Gleichgültigkeit allem übrigen gegenüber leben. Diese zweifache Weise zu sein gibt der mit dem Antlitz ge-

---

* Als eine »force qui va« bezeichnet sich Karl V. in dem Schauspiel *Hernani* von Victor Hugo. A.d.Ü.
** Emmanuel Lévinas, *Autrement qu'être ou au-delà de l'essence*, a.a.O., S. 160

knüpften Beziehung einen ethischen Inhalt und verleiht ihr den Reiz eines Romans. Wenn das Antlitz das Subjekt beschämt und ihm seine zerstörerische Dynamik und seine eigennützigen Berechnungen vorhält, dann macht es Vorschriften: es hat die Kraft des Imperativs. Wenn das Antlitz das Ich von sich selbst ablenkt, dann erleichtert und verführt es: es hat die Verlockung eines Abenteuers, »eines schönen Wagnisses«.*

Das Tier im Dschungel

Man sieht: das Neue bei Lévinas besteht weniger darin, in einem politischen Jahrhundert Moral zu predigen, als darin, die Moral zu *verschieben*: das Gute nicht ans Ende (in den Himmel der Utopie, die strahlende Zukunft der vollendeten Geschichte) zu stellen, sondern an den Anfang (in die uralte Erfahrung der Begegnung mit dem anderen Menschen). Nicht der Kampf, sondern die Ethik ist der ursprüngliche Sinn des Für-Andere-Seins. Zur Verantwortung und nicht zum Konflikt lädt das Von-Angesicht-zu-Angesicht mit dem anderen Menschen ein. Bevor das Antlitz je mit mir konfrontiert worden ist, beansprucht es mich, als ob es meine Angelegenheit wäre. »Die ethische Beziehung liegt vor dem Auftreten von Freiheiten, vor dem Krieg, der laut Hegel die Geschichte eröffnet.«** Was nicht heißen soll, daß vor dem Krieg Frieden herrschte, sondern daß die

* Ebd., S. 154
** Emmanuel Lévinas, *Difficile liberté*, a.a.O., S. 33

42

ethische Gewalt dem Zusammenstoß der Selbstbewußtseine und der gegnerischen Beziehung vorausgeht. Das Gute packt mich und drängt sich mir ohne meine Zustimmung auf. Es wählt mich, bevor ich es gewählt habe: ich kann ihm den Gehorsam verweigern, aber nicht entkommen. Das Böse ist nicht in der Lage, die Scham zu tilgen, die Unterwerfung unter das Antlitz des Anderen zu durchbrechen oder zurückzuweisen. »Das Böse erweist sich als Sünde, das heißt als ungewollte Verantwortlichkeit für die Verweigerung der Verantwortung. Weder neben noch gegenüber dem Guten, sondern auf dem zweiten Platz, unterhalb, niedriger als das Gute.«*

Was ist Nächstenliebe? Eine Dimension der Subjektivität, eine Modalität der Conditio humana. Nicht Programm, sondern Drama; nicht Eigenschaft, sondern Schicksal. Unter dem Eindruck des Antlitzes fällt die Güte dem Subjekt zu wie eine Erlösung und wie eine Bestimmung. Sie resultiert nicht aus dem aktiven »ich will«, an dem sich traditionell die tugendhaften Haltungen erkennen lassen. Der Moral ist jede Art von Willen fremd, sie ist in einer Passivität verankert, aus der für uns normalerweise keine Werte entspringen. Gegen meinen Willen hat sich mein Eigennutz in Liebe verwandelt und gegen meinen Willen geht mich ein Anderer etwas an. Die ethische Sorge: eine unfreiwillige Spinnerei, eine wilde Flucht vor der Sorge um sich selbst, ob diese nun als Überdruß erlebt oder im Egoismus praktiziert wird.

»Eine der erhebendsten Taten besteht darin, einen anderen über sich selbst zu stellen.« Diesem schönen

---

* Emmanuel Lévinas, *Humanisme de l'autre homme*, a.a.O., S. 81

Aphorismus von William Blake würde Lévinas eine wesentliche Ergänzung hinzufügen: Die fragliche Tat entspringt nicht einer edelmütigen Entscheidung, sondern
einer Zuweisung, der man sich nicht entziehen kann. In
der Verirrung des Willens und nicht in seiner Apotheose
tritt das Erhabene zutage. Um vom Guten zu sprechen,
führt Lévinas altmodische Begriffe wie Uneigennützig-
keit, Heiligkeit oder Ruhm wieder ein, jedoch an Stellen,
wo man sie niemals erwartet hätte. Die Sprache ist
schicksalhaft-tragisch wie bei Corneille, die Beziehungen sind verwickelt wie bei Racine. Denn es verhält sich
mit der Agape wie mit dem Eros, mit der Nächstenliebe
wie mit der Liebesleidenschaft. »Niemand ist freiwillig
gut.«* Man beschließt nicht, den Kopf zu verlieren,
ruhelos durch die Gefilde der Phantasie zu streifen, alle
Vorsicht zu vergessen und die Ratschläge und Berechnungen der zweckdienlichen Vernunft ungenutzt zu verwerfen. Man beschließt nicht, gegen *sein eigenes* Wohl
zu handeln. Unser Bewußtsein hat seine Initiative einge-
büßt und ist »unweigerlich und wie gegen unseren Willen einem anderen verpflichtet, der uns umso stärker
anzieht, als er unerreichbar erscheint, so sehr steht er
jenseits all dessen, was für uns zählt.«**

In einer seiner schönsten Novellen erzählt Henry James
das Leben oder vielmehr das Nicht-Leben eines Mannes, John Marcher, dem das seltsame Gefühl keine

---

* Emmanuel Lévinas, *Autrement qu'être ou au-delà de l'essence*,
a.a.O., S. 13
** Maurice Blanchot, *La communauté inavouable*, Paris 1983, S. 74

Ruhe läßt, für ein ungewöhnliches Ereignis auserwählt zu sein. Von diesem weiß er nichts, als daß es ohne Vorwarnung auftauchen und seine ganze Welt auf den Kopf stellen wird. »Irgend etwas wartete auf ihn inmitten der Windungen und Verschlingungen all der Monate und Jahre wie ein Raubtier im Dschungel.«*

Dieses Etwas, so hofft John Marcher auch auf die Gefahr hin, zu Boden gestreckt zu werden, wird ihn von einem rein vegetativen zu einem wirklich lebendigen Leben führen. Er hält sich bereit für den großen Kampf. Er stellt sich der tödlichen Gefahr. Er setzt sich dem Unvorhersehbaren aus und weiß nur, daß das Wunder sich wie ein Raubtier auf seine Beute stürzen wird. So ist er völlig davon in Anspruch genommen, in seinem gleichmäßig gewebten Leben die Umrisse des Tieres zu erspähen.

Eine Frau, May Bartram, teilt das außergewöhnliche Geheimnis und läßt sich darauf ein, mit ihm Wache zu halten. Eine ermüdende und vergebliche Wache. Diese versteinerte Wachsamkeit, zu der John Marcher sich zwingt, macht sein Leben nur noch monotoner. Nichts entspricht der Erwartung, »die Jahre vergehen, ohne daß das Schicksal zuschlägt.«** Die Vertrautheit des Auserwählten und seiner Freundin verzehrt sich in dieser langen Wartezeit. Nach May Bartrams Tod besucht John Marcher von Zeit zu Zeit ihr Grab, um seinen Gedanken nachzuhängen. Hier kreuzt er eines Tages den schmerz-

* Henry James, *Das Tier im Dschungel*, in: *Gespenstergeschichten*, Köln 1979, S. 430
** Henry James, *Tagebuch eines Schriftstellers*, Köln 1965, S. 424

erfüllten Blick eines Mannes, der um einen vor kurzem erlittenen Verlust trauert. Dieser kleine Zwischenfall kommt einer offiziellen Mitteilung gleich: wie ein Schlag trifft die Idee des *Zu Spät* John Marcher.

Das Bild, das er eben noch vor Augen gehabt hatte, zeigte ihm wie mit Flammenschrift etwas, was er von Anfang an ganz und gar versäumt hatte, und was er versäumt hatte, riß alles in einem Feuerschweif mit sich und ließ sein Herz rasend pochen. Er hatte an einem andern, nicht an sich selbst, erfahren, wie man eine Frau betrauert, die man um ihrer selbst willen geliebt hat: dies war die übermächtige Erkenntnis, die ihm das Gesicht des Fremden geschenkt hatte – jenes Gesicht, das immer noch vor ihm glomm wie eine rauchende Fackel. Diese Erkenntnis war ihm nicht auf den Flügeln der Erfahrung zugeflogen, vielmehr hatte sie ihn mit dem mangelnden Respekt, mit der unverschämten Gleichgültigkeit des Zufalls gestreift, gestoßen, aufgerührt. Jetzt, da ihm dieses Licht aufgegangen war, erhellte es alles bis zum Zenit, und plötzlich sah er vor sich die ganze Leere seines Lebens.*

Gerade weil John Marcher sich auf das Ereignis gefaßt macht, ist er zu dem Mann geworden, dem nichts passieren sollte. Er hat sein Leben verfehlt wie man ein Rendezvous versäumt, denn er hat das Abenteuer mit der Bewährung im Kampf gleichgesetzt und sich so dem Wagnis einer leidenschaftlichen Liebe entzogen. In Erwartung, das Raubtier niederzustrecken oder selbst niedergestreckt zu werden, hat er die eigentliche Konfrontation an sich vorbeigehen lassen. Die Bereitschaft, dem Schrecklichen Angesicht in Angesicht gegenüberzutre

* Henry James, *Das Tier im Dschungel*, a.a.O., S. 471

46

ten, hat ihn blind gemacht für die Leidenschaft der Frau, die er hätte lieben können, statt sie an seine Chimäre zu binden und zur Schildwache seines sagenhaften Schicksals zu machen. Daß die Gewalt der Begegnung Marcher ungeschoren läßt, liegt daran, daß er diese Gewalt in die stereotype Form des Kampfes kleidet. Bedenkenlos bietet er sich dem Schmerz dar. Da er jedoch nur auf einen legendären Zweikampf spekuliert, wird ihm die ironischste aller Strafen auferlegt: die Dispensierung vom Leiden, das scheußliche und lächerliche Mißgeschick, in sicherer Hut vor allen Verheerungen gelebt, niemals um jemanden gelitten zu haben.

Zwischen dem Kampf und der Idylle, zwischen gewalttätiger Gegnerschaft und überschwenglichem Frieden ist Platz für eine andere Form der Unruhe und ein anderes Modell der Begegnung: Modell der Ethik bei Lévinas, Modell der Liebe in der Novelle von James. Was als Beweis dafür dienen könnte, daß Moral und Leidenschaft Affinitäten aufweisen, denen weder die Moralisten von gestern noch unsere zeitgenössischen Verfechter des Wunschdenkens genügend Aufmerksamkeit geschenkt haben.

Zweites Kapitel

Das geliebte Antlitz

Keine einzige Liebe, die rein körperlicher Mecha-
nismus wäre, die nicht gerade und vor allem,
wenn sie sich wie verrückt an ihr Objekt hängt,
unsere Fähigkeit bewiese, uns in Frage zu stellen,
uns vollkommen hinzugeben, unsere metaphysische Bedeutung.

Merleau-Ponty

Der Streit

Emmanuel Berl erzählt in *Sylvia* die außergewöhnliche Geschichte seines Bruchs mit Marcel Proust. Die Szene spielt 1917 in dem Zimmer, in dem der Romancier zurückgezogen lebt, um *Auf der Suche nach der verlorenen Zeit* zu schreiben. Berl verkündet seinem Freund ein Wunder: er hat Sylvia wiedergefunden. Nach vier Jahren Schweigen hatte er dem jungen Mädchen, dem er in einem Hotel in Evian begegnet war, geschrieben und sie gebeten, seine Frau zu werden. Er hatte bereits alle Hoffnung aufgegeben, als ihn die Antwort erreichte, daß Sylvia in eine Begegnung einwilligte. »Alles schien wahrhaftig klar zu sein. Sylvia war nichts weniger als gedankenlos. Ich hatte eine Verlobte.«*

Berl möchte den Freund an seinem Glück teilhaben lassen und zugleich den lebenden Beweis dafür liefern, daß es eine Nähe der Herzen gibt. Denn seit einiger Zeit schon verwandte Proust die gemeinsam verbrachten Stunden darauf, sein Gegenüber zu »katechisieren«. Mit unermüdlichem Eifer unterwies er Berl in der Einsamkeit des Menschen und dem verhängnisvollen Schicksal seiner Leidenschaften. Er öffnete ihm gnadenlos die Augen, nahm ihm jede Illusion über die Liebe. »Daß kein Mensch je mit irgendeinem anderen in Verbindung stehen würde, war für ihn keine wahrscheinliche Hypothese, sondern ein Glaubensartikel.«** Doch auf die Geschichte mit Sylvia scheint dieser Pessimismus nicht

* Emmanuel Berl, *Sylvia*, Paris 1972, S. 126
** Ebd., S. 112

zuzutreffen: Zwei Menschen haben sich erkannt, eine wirkliche Begegnung hat stattgefunden. Berl läßt es sich nicht nehmen, Proust davon in Kenntnis zu setzen, und sei es nur, um dessen sehr düsteres Bild des Gefühlslebens mit der einen oder anderen Ausnahme ein wenig aufzuhellen.

Doch der Bericht von diesem Wunder stimmt Proust nicht heiter, er ist konsterniert. Zwei Worte eines jungen Mädchens haben also genügt, um seinen wankelmütigen Schüler von der schweren Wahrheit abzubringen, die er ihm mühsam eingeschärft hatte: Die Erwiderung der Gefühle ist nicht die Wahrheit der Liebe, sondern ein Trugbild, ein Mißverständnis oder ein Abflauen. Zu Unrecht und aus Willensschwäche träumt man von gegenseitiger Zuneigung. Sähe der Mensch seiner traurigen Bestimmung offen ins Auge, dann wüßte er, daß das Gefühl die Distanz zwischen den Menschen nicht aufhebt, sondern vergrößert. Berl seinerseits verschlägt es die Sprache, als er zusehen muß, wie ihre junge Freundschaft ohne weiteres auf dem Altar eines Liebesdogmas geopfert wird. Er wußte, Proust war wie »ein orientalischer Philosoph, der seine Doktrin lebte und sein Leben indoktrinierte«.* Doch hatte er nicht geglaubt, daß Proust so weit gehen würde, mit seinen Mitmenschen zu brechen, wenn ihre Aussagen oder ihr Glück der Weisheit widersprachen, zu der er durch seine Betrachtungen gelangt war. Der Ton zwischen dem Theoretiker des unerbittlichen Leidens und seinem Verleumder wird schärfer, auf verletzende Anspielungen folgen direkte

* Ebd., S. 111

Angriffe bis Proust in heller Wut den Proselyten der gegen-
seitigen Liebe an die Luft setzt und ihm Beleidigungen »wie
Pantoffeln durch die Tür des Bades« hinterherwirft.*

Eine Freundschaft verträgt Meinungsverschiedenhei-
ten meist schlecht, so liberal und offen die Protagonisten
sich auch geben mögen. Doch solche Meinungsverschie-
denheiten beziehen sich im allgemeinen auf »ernsthafte«
Gegenstände, deren ausschließliche Lieferantin die Politik ist. Das Thema der Liebe wird als zu unbedeutend
beurteilt, um leidenschaftliche Gefühle auslösen zu können. Nicht die Kompromißlosigkeit als solche gibt dem
Wortwechsel zwischen Emmanuel Berl und Marcel
Proust also seinen besonderen Klang, sondern die Tatsache, daß er sich auf einen Bereich bezieht, in dem
gewöhnlich keine Streitigkeiten ausgetragen oder hitzi-
ge Meinungen ausgetauscht werden. Es wäre jedoch
schade, wenn die Komik der Szene das, worum es eigentlich geht, verdeckte. Mit lächerlicher Verbissenheit wirft
Proust Sylvias Verehrer vor, er präsentiere seine Krankheit als Heilmittel und habe den Schmerz der Leidenschaft an das trügerische Bild einer Vereinigung der
Herzen verraten. Liebe oder Idylle: Proust läßt Kompro-
misse nicht gelten. Ebensowenig wie Lévinas – fern von
jedem Streit – in seinem strengsten philosophischen
Werk: *Autrement qu'être ou au-delà de l'essence.* »In
der Liebe – außer man liebt nicht aus Liebe – muß man
sich damit abfinden, daß man nicht geliebt wird.«**

---

* Ebd., S. 131
** Emmanuel Lévinas, *Autrement qu'être ou au-delà de l'essence,*
a.a.O., S. 153

Die Unschlüssigkeit

Als Robert de Saint-Loup dem Erzähler der *Suche nach der verlorenen Zeit* seine Geliebte vorstellt, erkennt dieser, baß erstaunt, »jene ›Rahel, als Gott dich einst‹ wieder, dieselbe, die vor einigen Jahren noch zu der Kupplerin sagte: ›Also, wenn Sie mich für jemanden brauchen, lassen Sie mich holen.‹ «* Die Frau, die Saint-Loup über alles stellt, die er auf Kosten seiner Laufbahn und aller anderen Gefühle liebt, die ihn als einzige befähigt, zu leiden und Glück zu empfinden und die »auf dem schmalen Raum ihres Gesichts« versammelt, was die Welt ihm an Interessantem zu bieten hat – diese unbezahlbare Frau hat ihre Laufbahn in einem Absteigequartier begonnen. Dasselbe Wesen, das für die Vielzahl seiner Kunden »ein mechanisches Spielzeug« war, hat in den Augen ihres leidenschaftlichen Liebhabers unendlich viel größere Bedeutung »als die Guermantes und alle Herrscher der Erde.«**

Dieser scharfe Kontrast setzt den Streit mit Emmanuel Berl innerhalb des Romans fort. Nur mit der Raserei eines Bilderstürmers kann Proust seine Absage an die geringste Objektivität und die mindeste Erfolgschance der Liebe überhaupt so an die Grenze der Wahrscheinlichkeit treiben. Seine Aversion gegen die verlogene Glückseligkeit des »Du und Ich«, sein Abscheu vor dem gefühlsseligen Gurren verzerren den Gegensatz zwi-

---

* Marcel Proust, *Die Welt der Guermantes*, in: *Auf der Suche nach der verlorenen Zeit*, Frankfurt/Main 1979, Bd. 4, S. 1455
** Ebd., S. 1452

schen dem von dem Liebenden erträumten, komponierten und geformten Objekt und der trivialen Wirklichkeit, die diesem Objekt als Träger dient, bis zur Karikatur. Lächerliches Wunder der menschlichen Einbildungskraft: unerreichbar wird für Saint-Loup ausgerechnet ein käufliches Mädchen, das für einen Louisd'or jedem Beliebigen zur Verfügung gestanden hatte. Er siedelt sie, die ihre Gunst an den Erstbesten verschleuderte, in einer Region an, in die er ihr nicht folgen kann. Das gefügige Gesicht wird zum überwältigenden Antlitz. Dem niedrigsten Wesen wird höchste Autorität verliehen und der religiöse Zauber des nicht Faßbaren umgibt die, deren Gewerbe es war, ja zu sagen, mit strahlendem Glanz. »Tatsächlich sahen wir beide, Robert und ich, sie nicht von der gleichen Seite ihres Geheimnisses her.«[*]

So scheint die Grenze zwischen kleiner Laune und großer Leidenschaft sich zu verwischen. Den Helden Molières näher als der Tradition der mythischen Liebhaber, ist Saint-Loup »eine Figur, die ihre Idee verfolgt und immer wieder darauf zurückkommt, während man sie ohne Unterlaß unterbricht.«[**] Er ist rührend, weil zum Leiden verurteilt, aber auch komisch, weil er aus Eigensinn sündigt, in einem Traum lebt und so »die Dinge nach seiner Vorstellung zurechtbiegt, statt sein Denken nach den Dingen zu richten.«[***] Seine Liebe hat keinen Anspruch auf friedliche Eintracht, nicht einmal

[*] Ebd., S. 1458
[**] Henri Bergson, *Le rire*, Paris 1981, S. 142
[***] Ebd.

auf die fruchtbare Spannung des Austausches. Sie ist eine fixe Idee oder, um das von Emmanuel Berl auf dem Höhepunkt des Streites gewagte Bild aufzugreifen: eine »halluzinatorische Onanie«.

Und doch fragt Proust sich in einem Nebensatz, ob das Straßenmädchen Rahel »wirklicher als die andere war«.* Ein ganz unauffällig eingeschobener Satz, der die Situation plötzlich in einem etwas anderen Licht erscheinen läßt, der die Anhaltspunkte verwischt und *durch seine Unschlüssigkeit die Satire zurechtrückt.* Wenn keines der beiden Bilder von Rahel das Privileg der definitiven Wahrheit genießt, dann ist die Liebe auch nicht einzig auf den Traum eines lächerlichen Mannes zurückzuführen, der in der äußeren Welt einen Vorwand sucht, um seine Vorstellungen in die Tat umsetzen zu können. Der Erzähler, der Rahel kennt und Saint-Loup, der sie liebt, sehen sie nicht von der gleichen Seite ihres Geheimnisses her. Aber man kann nicht davon ausgehen, daß der eine bei klarem Verstand ist und der andere phantasiert. Die Wahrheit liegt vielleicht ebenso in der Leidenschaft, die vom Geheimnis lebt, wie in der Enthüllung, die es zerstört. Die Liebe verfehlt die Kenntnis des Anderen, die Kenntnis dagegen verfehlt dessen Anderssein.

Doch Proust leistet keine öffentliche Abbitte. Das Werk ist, wie so oft, weniger rigide und subtiler als der Mensch, aber es gibt Emmanuel Berl nicht recht. Denn Chimäre hin, Offenbarung her, Leidenschaft bedeutet auf jeden Fall Schmerz: der Liebende wird nicht geliebt; von dieser Diagnose rückt Proust niemals ab. Gleich-

---

* Marcel Proust, *Die Welt der Guermantes*, a.a.O., S. 1461

wohl schwankt der Roman ständig in bezug auf den Stellenwert, der diesem Mangel an Symmetrie in der Liebe zukommt: Abbruch der Verbindung oder Verbindung einer anderen Art.

Zweifellos macht Liebe blind. Doch muß dieses Dunkel der Leidenschaft nicht unbedingt negativ als reine Abwesenheit von Licht aufgefaßt werden. Vielleicht muß man nicht sehen, sondern begehren und leiden, um jenseits der Schönheit oder der Eigenschaften zu dem zu gelangen, was das Anderssein des Anderen ausmacht: sein Antlitz.

Das Verschwinden der Schönheit

»Das Suchende, Angstvolle, Fordernde, mit dem wir eine geliebte Person anschauen, unser Warten auf das Wort, das uns die Hoffnung auf ein Wiedersehen am folgenden Tage schenken oder rauben wird, und bis dies Wort gesagt ist, das wechselnde, wenn nicht gar gleichzeitige phantasievolle Ausmalen von Freude und Verzweiflung fügt unserer Aufmerksamkeit, solange wir uns in Gegenwart des geliebten Wesens befinden, zuviel Unruhe bei, als daß wir ein deutliches Bild erhalten könnten. Vielleicht macht uns das gleichzeitige Mitschwingen aller Sinne bei unserem Bemühen, nur mit dem Blick auch das zu erfassen, was jenseits seines Aufnahmevermögens liegt, für die tausenderlei Formen, Reize und Gesten der lebenden Erscheinung so empfänglich, daß wir alle diese Eindrücke gewohnheitsmäßig – da, wo wir nicht lieben – zu einer Art ruhiger Einheit umschaffen. Das geliebte Modell ist in steter Bewegung; man erhält davon immer nur eine verwischte Photographie.«*

Der Liebende ist also jenes sonderbare Wesen, das das Gesicht, von dem es besessen ist, vergißt, das Augen nur für eine(n) anderen hat und ihn dennoch nicht beschreiben kann. Das krasse Dementi des romantischen Klischees, das in der Liebe und in der ästhetischen Schöpfung die Äußerung einer ebenso zarten wie leidenden Empfindsamkeit verherrlicht. Der Liebende ist ein erbärmlicher Künstler, ein verhinderter Maler, ein vom Unbeschreiblichen besiegter Dichter. Der leidenschaftliche Blick und der künstlerische Blick sind unvereinbar, kein heimliches Einverständnis besteht zwischen ihnen. Triumph der Präzision über das Verschwommene, Ersetzen der Bewegung durch das Bildnis – die Darstellung ist das Privileg (oder das Schicksal) desjenigen, der nicht liebt. »Ich wußte wirklich nicht mehr, wie Gilbertes Züge eigentlich beschaffen seien, außer in den göttlichen Augenblicken, in denen sie mir freimütig Einblick in ihr Wesen gewährte: ich erinnerte mich nur noch an ihr Lächeln. Und während ich dies geliebte Antlitz, wie sehr ich mich auch bemühte, vor meinem Auge nicht wiedererstehen lassen konnte, stellte ich mit Ingrimm fest, daß ich ganz unnütze aber charakteristische Gesichter, wie das des Karussellmanns und das der Händlerin von dem Süßigkeitenstand, mit absoluter Genauigkeit in meinem Gedächtnis aufgezeichnet fand: so sind diejenigen, die

---

* Marcel Proust, *Im Schatten junger Mädchenblüte*, in: *Auf der Suche nach der verlorenen Zeit*, a.a.O., Bd. 2, S. 645/646

ein geliebtes Wesen verloren haben, das sie niemals im Traume wiedersehen, außer sich darüber, daß sie unaufhörlich im Schlaf höchst unerfreulichen Leuten begegnen, die sie schon im Wachzustand am liebsten nicht sehen würden.«[*]

Das geliebte Antlitz ist zu lebendig, um sich zähmen zu lassen, selbst von seiner eigenen Pracht. Das Übermaß an Aufmerksamkeit verwirrt den liebenden Blick – das Übermaß an Aufmerksamkeit und nicht, wie Berls Vorwurf lautet, die Ausschweifung der Phantasie. Der Liebende projiziert in den Anderen nicht die Eigenschaften, von denen er träumt und die er aus seinem eigenen Fundus schöpft; er belauert, erforscht und beaufsichtigt, und alles in dem geliebten Gesicht erregt seine Wachsamkeit: eine verstohlene Niedergeschlagenheit und winzige Zuckungen, Schatten und Schauer, Lächeln und Launen. Das geliebte Gesicht ist ein Gewimmel von Zeichen, und der Liebende ist nicht mehr fähig auszusortieren. Die Kunst dagegen kommt nicht ohne Stilisierung aus, ohne die Fähigkeit, das Unwesentliche beiseite zu lassen und nur das Bedeutsame beizubehalten. Aber der Liebende harrt gegen seinen Willen in einer unbewohnbaren Welt aus, in der alles äußerst wichtig ist. Die leiseste Schwingung bringt ihn in Verlegenheit, eine vorübergehende Abwesenheit entfacht seine Unruhe aufs neue. Keine genauen Einzelheiten, sondern nur Hinweise, und jeder Hinweis macht das Geheimnis undurchdringlicher. »Das ist nicht so schlimm«: von dieser Formel schließt die Leidenschaft den Liebenden aus. Er

[*] Ebd., S. 646

hat kein Gefühl für Proportionen. Höchst begabt erhebt er kleine Versehen in den Rang von Tragödien, doch das Ausruhen im Belanglosen ist ihm unbekannt. Und deshalb kommt das Friedvolle des Bildes für das geliebte Antlitz nicht in Frage.

Ein zittriges Gesicht, das den, den es heimsucht, Furcht und Zittern lehrt. Hören ist für den Liebenden wichtiger als betrachten. Die Worte des Anderen zählen weit mehr als seine Erscheinung. Der plastische Reiz des Gesichts kommt erst *danach* – nach dem Verdikt über Verheißung oder Verweigerung der Anwesenheit, über Bestätigung der Liebe oder zweideutige Stille. »Dem Anderen wird ein höherer Wohnsitz zugewiesen, ein Olymp, auf dem alle Entscheidungen fallen und von dem aus alle Weisungen zu mir herniederfahren.«[*]

Man steht nicht über dem geliebten Wesen. Dem Liebenden fehlen Ruhe und Muße, um von seiner Vorstellungskraft Gebrauch zu machen und durch dieses symbolische Besitzergreifen den harten Schlag der Enteignung auszugleichen. Die Kunst ist also nicht das natürliche Ventil der Liebe. Die Liebe ist vielmehr jene Religion des Antlitzes, die seine Darstellung verbietet. Man darf sich von den endlosen Preisungen der Liebeslyrik nicht blenden lassen. Das geliebte Antlitz entzieht sich allem, selbst seiner eigenen Schönheit, die die Kristallisation der Liebe möglich gemacht hat. Es ist unbeschreiblich.

In körperlicher Hinsicht machte sie eine schlechte Phase durch: sie wurde dicker, und der schmerzvolle Gesichtsausdruck, die

---

[*] Roland Barthes, *Fragmente einer Sprache der Liebe*, Frankfurt/ Main 1984, S. 26

staunenden, träumerischen Blicke, die früher ihren Reiz ausgemacht hatten, schwanden mit ihrer ersten Jugend dahin. Auf diese Weise wurde sie Swann gerade in dem Zeitpunkt so besonders teuer, als er sie sozusagen weniger anziehend fand. Er schaute sie lange an, um den Zauber wiederzufinden, den sie früher für ihn hatte, aber er entdeckte ihn nicht. Es genügte ihm aber zu wissen, daß in dieser neuen Verkleidung wie in einer Schmetterlingspuppe doch immer die gleiche Odette lebte, der gleiche stets sich entziehende, ungreifbare, verstockte Wille, um mit der gleichen Leidenschaft sie irgendwie fassen zu wollen.*

Auf allen Gebieten ist Swann ein Kenner, der Sinn für das Schöne hat. Aber seine Ansprüche und sein ästhetisches Raffinement machen eine Ausnahme: diese Frau, die ihm nicht gefällt, und in die er sich verliebt. Denn in der Liebe nimmt das Anderssein den ganzen Raum ein, drängt alles Übrige – exotischen Charme, hübsches Aussehen, soziale Distanz oder Nähe – beiseite und stellt eben das dar, was den Anderen ausmacht. Lieben bedeutet nicht, der Schönheit Treue zu schwören, sondern sich vorübergehend – für die Dauer einer Obsession – ihren Kriterien und ihrer Tyrannei zu entziehen. Von dem geliebten Antlitz sagt man nur aufs Geratewohl oder herkömmlicherweise, es sei schön, während es doch wandelbar, unbezwingbar, ständig auf dem Sprung ist: nicht ästhetische Aktualität, sondern virtuelles Verschwinden. Der Liebende besingt die Perfektion der Form, aber er empfindet vor allem ihr Verblassen, also die Fraglichkeit der Form. Die Liebe entthront die Schönheit, öffnet in ihrem Reich eine Klammer, einen

* Marcel Proust, *In Swanns Welt*, in: *Auf der Suche nach der verlorenen Zeit*, a.a.O., Bd. 1, S. 385

zitternden Zwischenraum – ein paradoxes Moment, ein Sakrileg der unruhigen Leidenschaft, die das Ästhetische in den Hintergrund drängen. Das geliebte Gesicht ist weder schön noch erhaben. Es ist nicht unaussprechliche Pracht, kein unbeschreibliches Meisterwerk, sondern eine Gegenwart, die sich nicht eingrenzen läßt. Um seinen Fragen ein Ende zu bereiten, wünscht der Liebhaber sich zweifellos für den Anderen die Unveränderlichkeit eines Idols und daß die Regungen seines Gesichts in der Schönheit zur Ruhe kommen. Aber dieser ästhetische Götzendienst bleibt, wenn wir einmal so sagen dürfen, ein frommer Wunsch. Liebe liegt nur in dieser Unmöglichkeit, der endlosen Flucht, dem *unendlichen* Ausbrechen des Anderen Einhalt zu gebieten.

»Vor der Entstehung der Liebe«, schreibt Stendhal, »ist die Schönheit unentbehrlich als Aushängeschild, sie macht empfänglich für die Leidenschaft, weil man das, was man lieben wird, loben hört.« Zu Anfang muß das Begehren an die Hand genommen und seiner selbst versichert werden: sein Objekt muß schön sein, und vor allem müssen die anderen ihm dieses höchste Qualitätszeichen zubilligen. Swann ist zunächst entzückt, als er eine Ähnlichkeit entdeckt zwischen Odettes Gesicht und Botticellis Porträt der Sephora, das auf einem Fresko in der Sixtinischen Kapelle zu sehen ist. Es ist, als bestätigte das Gemälde des florentinischen Meisters, wie vortrefflich seine Zuneigung ist. Aber die Leidenschaft bricht mit der Schönheit, selbst wenn sie aus ihr entsprungen ist. Ist das Subjekt erst vom Gefühl der Liebe überwältigt, löst es sich vom Sichtbaren und interessiert sich nur noch für das Antlitz. Gerüchte und glänzende Referenzen, die seine Wahl rechtfertigen könnten, bedeuten ihm jetzt wenig. Es hat sich zugleich von der Schönheit und vom Konformismus befreit, ist unabhängig vom öffentlichen Urteil und den Bildern, die unter normalen Umständen eine unwiderstehliche Faszination ausüben. In diesem Sinne eines radikal gemeinschaftsfeindlichen oder besser »herdenfeindlichen« Verhaltens kann man zu Recht von *amour fou* – Liebeswahn – sprechen.

Indessen ästhetisiert der Blick sich wieder in dem Maße wie die Leidenschaft sich erschöpft. Schließlich verharrt der Andere unbeweglich in seinem Bildnis, fällt zurück auf die Stufe der Vorstellung. Wenn alle Feuer erloschen sind, betrachtet man die Dinge nur noch im Hinblick darauf, ob sie dem plastischen Ideal, das einem im verliebten Zustand so gleichgültig war, die Treue halten oder abtrünnig werden. Man starrt die- oder denjenigen, den man buchstäblich aus den Augen verloren hatte, an und beraubt ihn so seines Antlitzes*, denn wenn die Liebe blind macht, so macht umgekehrt ihr Verfall aus dem einstigen Liebenden ein strenges und nie zufriedenes Auge. Die Müdigkeit des Partners bedeutet keine beängstigende Distanz mehr, sondern ein plötzliches Erschlaffen, das die Gesichtszüge verwischt oder verwüstet. Wenn das geliebte Antlitz von der Erschöpfung überwältigt wird, entfernt es sich und läßt mich wie »Abfall« zurück**, ohne daß ich irgendetwas dagegen unternehmen könnte. Indessen ist die Müdigkeit auf dem Gesicht, das ich nicht mehr liebe,

* Französisch *dévisager*: »anstarren«, wörtl. »ent-gesichten«; A.d.Ü.
** Roland Barthes, *Fragmente einer Sprache der Liebe*, a.a.O., S. 31

ein Symptom: keine Flucht, kein Entzug, sondern sicht-bares Zeichen.

So ist das Begehren erneut Gefangener des Schau-spiels, dem es entflohen war: es hatte sich an das Antlitz gewandt und zielt fortan nur noch auf dessen Pracht ab. Die Klammer kann geschlossen werden. Einen Augen-blick lang von der Liebe ins Wanken gebracht, sitzt die Schönheit wieder auf ihrem Thron.

Die schlafende Albertine

Zwei Bände der *Suche nach der verlorenen Zeit* sind der Beziehung des Erzählers zu Albertine gewidmet: *Die Gefangene* und *Die Entflohene.* Diese Titel täuschen. *Die Gefangene* berichtet von einer Flucht, *Die Entflo-hene* von einer Gefangenschaft. Die eingesperrte Alber-tine unterläuft ständig die Wachsamkeit ihres Kerker-meisters. Die verschwundene Albertine hält den, den sie zurückgelassen hat, gefangen: kein Schritt, den er tut, der nicht sie zum Ziel hätte; er kann sich dieser unerbitt-lichen Abwesenheit nicht entziehen. Die Gefangene ent-schwindet ihm; die Entflohene verfolgt ihn. Was ist das Gefühl der Liebe denn wirklich? Die Unmöglichkeit, dem zu entgehen, der einem stets entgeht. Aus der Ferne treibt der Andere einen um: ein forderndes Phantom, das die Seele besetzt und – hat es sich erst seinen Tribut an Liebe zahlen lassen – einem für den Rest der Welt nur kärgliche Bestände an Liebe und eine kaum noch exi-stente Neugier beläßt. Wenn der Andere dann trotz aller Anläufe, mich im Stich zu lassen, mit mir zusammen ist,

ist er niemals ganz da, eine unbezähmbare Zerstreutheit entzieht ihn der Begehrlichkeit. Das alles spielt sich bis in die Vertrautheit des Tête-à-tête hinein ab, so als bewohne der Andere nicht denselben Ort wie man selbst. Hält man sich Störenfriede vom Leib, so steht das geliebte Antlitz in der Zweisamkeit zwar bereit, doch ist es nach wie vor keineswegs bereitwillig. Auch die geschlossene Gesellschaft einer Ehe hebt die Distanz nicht auf, sondern beseitigt nur deren zufällige Ursachen. Von daher das Zusammenspiel von Sorge, Zärtlichkeit und Begehren, die alle darauf hinauslaufen, »noch das zu verfolgen, was schon gegenwärtig ist, noch das zu suchen, was man schon gefunden hat«*, darauf, »um das zu bitten, was ständig aus seiner Form entweicht«.** Mit einem Wort: in der Liebe ist die Anwesenheit eine Form der Abwesenheit.

Ein scharfer Beobachter erfaßt in den verschiedenen Physiognomien, im Mienenspiel und in der virtuosen Handhabung des falschen Scheins das Wesen des Antlitzes – *the music of the face*, wie Byron sagt. Der Liebende gelangt über die äußere Erscheinung nur hinaus, um mit der fortwährenden Flucht des Anderen konfrontiert zu werden. Der Beobachter löst kraft seiner Aufmerksamkeit das Rätsel, denn durch das Gesicht verrät sich der Mensch. Der Liebende trifft kraft seines Begehrens auf dieses Rätsel, denn durch das Antlitz entfernt sich der Andere und überhört dann den Appell. Vergebliche Lie-

---

* Emmanuel Lévinas, *En découvrant l'existence avec Husserl et Heidegger*, a.a.O., S. 230; deutsch in: *Die Spur des Anderen*, Freiburg i. Br. 1983, S. 283
** Emmanuel Lévinas, *Totalité et infini*, a.a.O., S. 235

besmüh, das Objekt seiner Leidenschaft jeglicher Freiheit zu berauben, es bei lebendigem Leibe einzumauern, alle Öffnungen abzuriegeln, mit reger und immer wacher Aufmerksamkeit sein geringstes Tun und Lassen zu belauern und es so in eine Situation des permanenten Gesehenwerdens zu versetzen: Das geliebte Antlitz ist nicht von dieser Welt, selbst wenn diese Welt ein Gefängnis ist. Einer pausenlosen, erschöpfenden, allgegenwärtigen Überwachung unterworfen, bleiben ihm doch seine Augen, um mitten aus der Gefangenschaft zu entfliehen.

Wenn wir dächten, die Augen eines solchen Mädchens seien nichts als ein blitzendes Rund aus Glimmer, wären wir nicht begierig, ihr Leben zu kennen und mit unserem zu verschmelzen. Aber wir spüren eben, daß das, was in diesem denkenden Rund aufleuchtet, nicht nur auf seiner materiellen Zusammensetzung beruht; daß darin vielmehr, wenn auch uns unbekannt, die schwarzen Schatten der Gedanken erscheinen, die dieses Wesen sich über die Leute und die Stätten macht, die es kennt (. . .); vor allem aber, daß sie selbst es ist mit ihren Sehnsüchten, ihren Sympathien, ihren Abneigungen, ihrem unaufhörlich dumpf sich bekundenden Willen.[*]

Nur der Schlaf kann diese Fremdheit des Anderen überwinden, die gesenkten Lider breiten über das »Gesicht jene vollkommene Einheitlichkeit, welche von den Augen nicht mehr unterbrochen wird«.[**] Wenn Albertine schläft, verhilft sie dem Helden der *Suche nach der verlorenen Zeit* zu zarten Augenblicken der Ruhe. »Ihr

[*] Marcel Proust, *Im Schatten junger Mädchenblüte*, a.a.O., S. 1044/45
[**] Marcel Proust, *Die Gefangene*, in: *Auf der Suche nach der verlorenen Zeit*, a.a.O., Bd. 8, S. 2843

Ich entschlüpfte mir nicht mehr unaufhörlich, wie bei jedem Geplauder mit ihr, durch die Ausgänge uneingestandener Gedanken oder ihres Blickes. Sie hatte dann alles, was von ihr draußen gewesen war, wieder in sich versammelt, sie hatte sich selbst in ihren Körper geflüchtet, sich darin eingeschlossen, sie ging ganz darin auf.«[*]
Im Schlaf wirkt das Antlitz, als sei es in Stein gemeißelt. Ohne Stimme und ohne Blick willigt es endlich in die Unbeweglichkeit ein. Nun kann der Liebende seine Qualen in der Betrachtung vergessen und von der Liebe ausruhen.

Andere werden das Gegenteil sagen: sie vertrauen einem an, der Schlaf des geliebten Wesens sei der Augenblick höchster Fremdheit und heftigster Unruhe. Das schlafende Antlitz – weit davon entfernt, sich ihrer siegessicheren Begierde zu fügen – scheine sie aus der phantastischen Welt, in die es sich habe hineinziehen lassen, zu verbannen. Der Andere bringe sie durch seinen provisorischen Urlaub vom Leben um jeden Einfluß. Und schließlich könnten sie nicht immer der herrschsüchtigen und lächerlichen Versuchung widerstehen, ihren Partner zu wecken, als ob allein die Tatsache, daß er sich der Nacht überlassen hat, schon einen Treuebruch bedeute. Solche Menschen werden für die Ohnmacht, in die die Liebe sie geworfen hat, nur durch die lichten Augenblicke entschädigt, in denen ihre Beredsamkeit das geliebte Antlitz fesselt und in ihren Bann zieht. Stolzer noch und eifersüchtiger – wenn möglich – als Albertines Bewacher *behandeln sie den Schlaf als Riva-*

[*] Ebd., S. 2841

len. Ihr Wort gibt sich als Souverän: es fällt ihm schwer, mit einer anderen Kraft die Macht zu teilen, den Anderen zu bezaubern und ihn in Hypnose zu versetzen.

Stärkung oder Verlassenheit – diese beiden entgegengesetzten Haltungen gegenüber dem schlafenden Antlitz verraten indessen eine gleiche Art und Weise, die Liebe zu leben. Nichts zerrinnt leichter, nichts ist unsicherer als das geliebte Antlitz: hinter dem Gesicht, das der wachsame Liebende gerade erst erfaßt hat, taucht ständig ein neues auf. Beiden, dem Voyeur wie dem Verführer, geht es darum, diese Ungewißheit – und sei es nur für eine kurze Zeit – zum Schweigen zu bringen. Das schmeichelnde Wort, das den Blick des Anderen fesselt, und der Schlaf, der ihn außer Kraft setzt, halten das Antlitz fest, lassen die unerschöpfliche Quelle der Abwesenheit versiegen.

Zusammen, aber noch nicht

Ich liebe dich. Dich? Deine Verdienste? Dein strahlendes Lächeln? Deine grazile Gestalt? Deine Zerbrechlichkeit? Deinen Charakter? Deine Heldentaten oder einfach die wunderbare Tatsache deiner Existenz? »Man liebt niemals die Personen, sondern nur die Vorzüge«, behauptet Pascal. »Derjenige, der jemanden wegen seiner Schönheit liebt, liebt er ihn? Nein, denn wenn die Pocken die Schönheit zerstören, ohne die Person zu töten, wird er sie nicht mehr lieben.« Hegel zufolge bedeutet lieben im Gegenteil, dem inneren Wesen des geliebten Menschen unabhängig von seinen Handlungen oder von seinen sonderbaren und vergänglichen Eigenschaften einen positiven Wert beizumessen. Proust leistet einen ganz neuen Beitrag zu dieser Diskussion, indem er allen unrecht gibt. Die Liebe gilt weder der Person noch ihren Eigenheiten, sie zielt auf das Rätsel des Anderen ab, auf seine Distanz, sein Inkognito, seine Art und Weise, niemals, nicht einmal in unseren intimsten Stunden, auf gleichem Fuß mit mir zu stehen. Das Du des »ich liebe dich« ist nicht vollkommen meinesgleichen, lebt nicht genau zur gleichen Zeit wie ich, und Liebe bedeutet, diesem Anachronismus verzweifelt nachzuspüren. Liebende sind, »einer Formulierung folgend, die Gleichheit, Gerechtigkeit, Liebkosung, Verständigung und Transzendenz zusammenfaßt – einer wunderbar präzisen und gewandten Formulierung – ›zusammen, aber noch nicht‹.«*

Die Liebe ist jene paradoxe Bindung, die in dem Maße, wie sie sich vertieft, den Anderen nach und nach seiner charakteristischen Merkmale entkleidet, bis er schließlich unergründlich für mich wird. Solange ich sie nicht geliebt habe, war sie schön oder häßlich, ängstlich oder gelassen, grüblerisch oder hysterisch, doch fortan kann keines dieser Attribute sie mehr festhalten. Meine Wahl war auf sie gefallen, weil sie etwas Wunderbares, Besonderes oder Einmaliges hatte; nun liebe ich sie »nicht nur als eine Qualität, die von allen anderen Qualitäten unterschieden ist, sondern als die eigentliche Qualität des

---

* »Zusammen, aber noch nicht«: diese Formulierung verwendet Maurice Blanchot in *Warten Vergessen*, Frankfurt/Main 1964; der vorangehende Kommentar ist von Emmanuel Lévinas aus: *Sur Maurice Blanchot*, Montpellier 1975, S. 38

Unterschieds«.* Die Leidenschaft bringt die Adjektive zum Schweigen, alle Dies oder Jenes, die den Anderen vor der Liebe geziert haben. Der Weg der Liebe ist eine seltsame Askese, ein Vormarsch in Richtung auf das Unsichtbare, der von den Eigenschaften zur Person und von der Person zum Antlitz führt. Ein Romanschriftsteller, merkt Proust an, würde eine grundlegende »Wahrheit ausdrücken, wenn er, während er bei allen anderen Personen die Charaktere schildert, der geliebten Frau lieber gar keinen gibt«.**

Die Leidenschaft ist kein Traum. Sie ist kein Roman, mit dem eine schwärmerische Seele die Banalität des Lebens überblendet. Der Liebende redet wirr, er verliert den Verstand, ähnlich einem Betrunkenen handelt er wie im Traum, aber er befindet sich nicht im Delirium. Lieben bedeutet nicht, eine gewöhnliche Person mit erhabenen Tugenden zu bedenken oder sie mit einer illusorischen Zauberkraft auszustatten – denn die Leidenschaft fügt dem geliebten Wesen nichts hinzu. Im Gegenteil, sie subtrahiert, sie entblößt es, bis es sich in einem Moment unerträglicher Intensität »als anderer mitteilt, das heißt als das, was sich nicht offenbart, als das, was sich nicht thematisieren läßt«.*** Im Unterschied zu allen lauen, verstandesmäßigen Gefühlen bringt die Leidenschaft uns in Berührung mit der Abstraktion des Antlitzes.

* Emmanuel Lévinas, *Die Zeit und der Andere*, a.a.O., S. 13
** Marcel Proust, *Im Schatten junger Mädchenblüte*, a.a.O., S. 1175
*** Jacques Derrida, *Gewalt und Metaphysik*, in: *Die Schrift und die Differenz*, Frankfurt/Main 1972, S. 158

Einer Sphäre entspringend, die jenseits des Verstandesmäßigen liegt, schießt der Schwung unserer Neugier auf die Frau, die wir lieben, über den Charakter dieser Frau hinaus, und selbst wenn wir bei ihm stehenbleiben könnten, wollten wir es wahrscheinlich nicht. Der Gegenstand unseres ruhelosen Forschens ist wesentlicher, als die Besonderheiten dieses Charakters es sind, die nur den kleinen rautenförmigen Teilen der Epidermis gleichen, deren verschiedenartige Kombinationen das Einmalige des blühenden Fleisches bilden.*

Der Liebende läßt seine Beute fahren und tauscht sie gegen einen Schatten, tauscht Wissen gegen Begehren und die Erkenntnis, die ihre Objekte wie Schmetterlinge aufspießt und klassifiziert, gegen eine Annäherung, die die Fremdheit des Anderen empfindet und aufrechterhält. In dem Von-Angesicht-zu-Angesicht der Liebe bleibt das geliebte Wesen mir überlegen. Meine Nähe zu ihm liefert mir keine Informationen – weil der Andere sich nicht als etwas Bestimmtes manifestiert, weil er niemals seine Äußerlichkeit aufgibt – aber diese Nähe ist auch nicht einfach ein Trugbild. »Das Nicht-Kennen ist hier nicht als eine *Privation* der Erkenntnis zu verstehen (. . .). Die Liebe ist nicht als verfehltes Wissen Liebe.«** Die Verbindung der Liebe führt über die Alternative zwischen Halluzination und Enthüllung hinaus. Es gibt im Anderen immer mehr zu lieben (und zu leiden) als die Vorstellung, die man von ihm zurückbehält, oder die Träumereien, denen man sich geduldig in seiner Abwesenheit hingibt.

* Marcel Proust, *Im Schatten junger Mädchenblüte*, a.a.O., S. 1175/76
** Emmanuel Lévinas, *Ethique et infini.* Gespräche mit Philippe Némo, Paris 1982, S. 69

Weil die Leidenschaft kein Akt der Erkenntnis ist, ordnet man sie in die Kategorie der Phantasmen ein. Weil der Liebende nicht immer klar sieht, sagt man, er rede unvernünftiges Zeug. In Wirklichkeit ist, wenn von Unvernunft überhaupt die Rede sein kann, diese nicht Trennung, sondern Begegnung, nicht wie bei einer üblichen Psychose Vergessen des Anderen, sondern ein Eindringen in ihn. Das Schreckliche an der Liebe ist, daß sie alle Schranken niederreißt, alle Verfahren und Konventionen zunichte macht, die den Umgang der Menschen auf einer mittleren Temperatur halten und sie im täglichen Leben vor dem fremden Antlitz schützen. In der Liebe kommt der Andere von außen an einen heran, nistet sich in einem ein und bleibt einem fremd. Man wird von ihm befallen, vielleicht belegt er sogar das ganze Feld meines Bewußtseins mit Beschlag, doch er selbst entzieht sich meinem Zugriff. Das geliebte Antlitz läßt sich nicht durch Analysen fassen, auch nicht durch die Beobachtung oder Projektion bezähmen, vielmehr verwickelt es einen in etwas, das sich vom Wissen unterscheidet, ohne deswegen Wahn zu sein.

Doch die Welt des Vorstellbaren verläßt man nicht leichten Herzens. Der Schatten läßt einen der Beute nachtrauern und die ständig wieder auflebenden Unsicherheiten des Liebenden wollen von Zeit zu Zeit in der Erkenntnis zur Ruhe kommen. Keine Leidenschaft ohne Kampf gegen die Leidenschaft, ohne ein – wenigstens vorübergehendes – Verlangen danach, in das verlorene Paradies der Klarheit und der Enthüllung zurückzukehren. Man vertraut sich also Verwandten oder gemeinsamen Freunden an. Man sucht wild entschlossen nach verfügbaren und verständnisvollen Dritten, die uns helfen sollen, das Rätsel zu entwirren. Man rekrutiert Gelegenheitsmitarbeiter, die bereit sind, mit uns in der dritten Person von dem geliebten Antlitz zu sprechen. Ist der Andere gut? Ist er böse? Man kann sich schon denken, daß es auf diese Fragen keine definitive Antwort gibt. Bei Abschluß der Ermittlungen muß das Verfahren eingestellt werden. Und doch verschafft einem dieser endlose und unergiebige Austausch wirkliche Erleichterung. Man sagt etwas über das geliebte Wesen. Eigenschaften werden ihm verliehen. Es trägt nun Merkmale, ist mit Mängeln und Werten herausgeputzt. Ich spreche von ihm, statt mich an es zu wenden oder auf ein Wort von ihm zu warten: mehr noch als Inhalt und Wirkung eines solchen Gesprächs dämpft diese veränderte Zielrichtung meine Unruhe. Wie auch immer das Ergebnis ausfallen mag, optimistisch oder düster – der Kommentar ersetzt das geliebte Antlitz durch ein Porträt, und dieser Tausch ist süß. In Worte gekleidet ist der Andere wie jedermann. Man kann den Unterschied *auffüllen*; dieser besteht nun nicht mehr darin, daß er meine Vorstellung ständig verwirrt.

Von meinen Vertrauten erwarte ich weniger, daß sie mir Hoffnung machen oder konkrete – naturgemäß nicht anwendbare – Ratschläge erteilen, als daß sie bei dieser Wiedereingliederung des geliebten Wesens mitspielen. Ich möchte, daß der Andere für den Augenblick der Analyse wieder ins Licht tritt und dem allgemeinen Gesetz der Definition unterworfen wird. Ich schreite also nicht von der Liebe zum Wissen; ich kompensiere im Wissen die Loslösung, die den Zustand der Liebe charakterisiert.

Das Leiden

Man kann gar nicht genug auf den Schaden hinweisen, der durch die Ausbreitung des psychoanalytischen Vokabulars in der Umgangssprache entstanden ist. Freud wollte der Menschheit eine klarere Vorstellung ihrer selbst vermitteln, und nun trüben gerade die Freudschen Klischees unsere Erkenntnis. So das Wort *Masochismus*, wenn es das Leid der Liebe bezeichnet. Wenn deine Leidenschaft dir schlaflose Nächte bereitet, wenn du dich widerstandslos um deinen Verstand bringen läßt und der Andere dir über den Kopf wächst, obwohl du dich abgesichert hast, obwohl du all deinen Charme entfaltest, obwohl du ihn mit Erklärungen überhäufst und dich mit Vertrauten umgibst, dann – so lautet die neue Weisheit der Nationen – wirst *du dabei schon auf deine Kosten kommen.* Der offensichtliche Schmerz verbirgt einen geheimen Genuß. Die Klage ist dein Glück und die Entbehrung deine Form der Erfüllung. Du befriedigst dich heimlich und vielleicht ohne es zu wissen an dem, was dir weh tut. Im Leid verwirklichst du dein Begehren. Der Begriff des Masochismus, der die zentrale Stellung des Schmerzes in der Leidenschaft erkennt, münzt diesen in Lust um. Das macht aus der Liebe ein Bedürfnis unter anderen und aus der Verwirrung eine paradoxe (gewisse Leute würden sagen: pathologische) Form der Befriedigung.

Doch das Leid der Liebe ist keine hintergründige Art und Weise, glücklich zu sein. Ihm zuzustimmen bedeutet nicht, es zu genießen, sondern nur, daß man das Modell der Befriedigung für das Liebesleben ablehnt. Wenn der Liebhaber also trotz seiner Sehnsucht nach Ruhe seinem Schmerz einen hohen Wert beimißt, so nicht weil er sich irgendeine Lust erschleichen wollte, sondern weil er erkennt, daß sein Begehren kein *Hunger* ist, der gestillt werden könnte, vielmehr eine *Annäherung*, deren Objekt immer entweicht. Er weiß, auch wenn er sich beklagt, daß die Nähe des Anderen besser ist als eine vollkommene Vereinigung. Besser – nicht angenehmer. Der Liebende ist weder restlos glücklich, noch deshalb unzufrieden: die Leidenschaft treibt sein Begehren über die Sphäre der Bedürfnisse, das heißt über den Wechsel von Frustration und Zufriedenheit hinaus. Selbst wenn das geliebte Antlitz sich fügt, selbst wenn es sich liebkosen läßt, *fehlt es*, und dieses Fehlen ist das *Wunder* des Andersseins.

Noch in seiner Anwesenheit bleibt der Andere der *Nächste* (ständig bevorstehend wie ein immer wieder vertagtes Rendezvous): und genau das versetzt den Liebhaber in Unruhe. Nimmt er die Leiden, »die wie eine wild anstürmende Horde in seine Seele eindrangen«,* an, so gesteht er dadurch nur ein, daß die Un-Ruhe die Wahrheit der Liebesbeziehung ist. Zweifelsohne sehnt er sich nach der Idylle zurück, danach, seine Zeit mit dem Anderen in einer gemeinsamen Heimat zu verbringen, nach einer Vereinigung, die die gewaltige Asymmetrie

* Marcel Proust, *In Swanns Welt*, a.a.O., S. 480

75

zwischen ihm und dem geliebten Antlitz bannt. Aber was man so bequem als Masochismus bezeichnet, ist die Weigerung, der Idylle in der Liebe das letzte Wort zu lassen. Und hier, in dieser Eigensinnigkeit, liegt vielleicht die tiefste Wahrheit jener Verirrung, die man Liebe nennt.

Unsere Vorstellung einer idealen Welt ist in der Tat immer idyllisch. Hinter der unendlichen Vielfalt der Mittel und Wege verfolgen alle sozialen Utopien hartnäckig denselben Traum: im kollektiven Leben eine ebenso perfekte Gemeinschaft wie die eheliche Symbiose zu verwirklichen. Der Auftrag des neuen Menschen – aus welchem Stoff dieser auch sein mag – lautet immer, die Isolation der einzelnen zu durchbrechen und im Überschwang der Gefühle oder im brüderlichen Kampf der Einsamkeit und der Trennung ein Ende zu setzen. Statt daß sich, wie bei einem Paar, zwei unvollständige Wesen zu einem harmonischen Gebilde zusammenschließen, gerät eine ganze Gesellschaft ins Schwärmen und geht in einem großen Ganzen auf.

Den jüngsten dieser großen Utopien wirft man heute vor, sie seien verlogen und kleideten eine entsetzliche Wirklichkeit in strahlende Visionen einer zukünftigen Einheit. Doch die Erfahrung der Leidenschaft lehrt uns, die Schönheit dieses Ideals anzuzweifeln, dem Archetyp der Verschmelzung Geltung und Prestige abzusprechen. Damit nämlich eine Verschmelzung zustande kommt, damit jeder allen gegenwärtig ist, muß jedes Antlitz sich selbst gegenwärtig sein, das heißt, überall muß der nicht faßbare Nächste einem geheimnislosen Wesen weichen: dem Genossen. Und so schließt die

Transparenz der Gemeinschaft die verteufelte, das Leiden immer neu entfachende Kluft zwischen dem Antlitz und seiner Manifestation. Der liebende »Masochist« gibt sich mit dieser Glückseligkeit nicht zufrieden, entzieht so dem Modell der Verschmelzung die Bürgschaft durch die Liebe und prangert – das ist seine Weisheit – im Idyll stillschweigend das ewige Lächeln und die unerträgliche Liebenswürdigkeit einer Welt ohne den Anderen an.

Die Macht

Der Liebende will frei sein und beugt sich der Unterdrückung: das ist der Kern fast aller Liebesgeschichten, von den schönsten Legenden bis zu den süßlichsten Romanen. In einer jahrtausendealten Rivalität gegen die Leidenschaft errichtet, erhebt sich das Gesetz. Gesetz der Pflicht, wenn in herzzerreißenden inneren Konflikten Wille und Gefühl miteinander ringen. Gesetz der Unterdrückung, wenn die Liebenden ihre Verbindung gegen die Gewalt der Vorurteile und die Strenge der sozialen Ordnung verteidigen. Oder – neueste Version dieses unabänderlichen Drehbuchs – wenn das Begehren sein Recht gegenüber der Selbstverstümmelung des eindimensionalen Menschen behauptet. Was man also an der Liebe fürchtet oder was man an ihr schätzt, ist das Prinzip der Gesetzlosigkeit, die Macht der Übertretung, die den Sitten und Gebräuchen die Stirn bietet und die Kompromißlosigkeit der Freiheit dem Bündnis aller Mächte entgegensetzt.

In diesem Kampf stellen die Modernen sich auf die Seite der individuellen Freiheit, während die Alten die Launen der Zuneigung im Namen göttlicher Gesetze oder, prosaischer, der Erfordernisse des sozialen Zusammenhalts geißeln. Die einen wie die anderen lassen so das Wesen der Liebe – nämlich die Macht des geliebten Antlitzes – außer acht und denken nur noch an die Auseinandersetzung mit der Zensur. Die Peripetien verbergen die zugrundeliegende Intrige. Denn der Liebende, der (zu Recht) seine Freiheit gegen repressive Autoritäten verteidigt, setzt eben diese Freiheit bei der Vereinigung der Gefühle aufs Spiel oder opfert sie gar. »Gegen meinen Willen für einen anderen«*: lieben, diese höchste Passivität, bedeutet, sich – auf jeglichen Schutz verzichtend – zu exponieren, sich einer Sache zu verschreiben, sich zu unterwerfen; es bedeutet, den äußersten Punkt zu erreichen, an dem man nicht mehr Herr und Meister ist. Die Liebe macht aus einem *die Geisel eines Abwesenden*, über den man nicht genau Bescheid weiß, dem man weder aus dem Weg gehen noch die Tür weisen kann. Diese Macht bringt den Liebenden zur Verzweiflung und ist zugleich sein teuerster Schatz. Sie ist die Gewalt, unter der er leidet, und der Wert, den er für sich selbst bejaht.** Der abgesetzte König fühlt sich belästigt, ist bis zur

---

* Emmanuel Lévinas, *Autrement qu'être ou au-delà de l'essence*, a.a.O., S. 14
** »Trotz der Schwierigkeiten meiner Geschichte, trotz der Notlagen, der Zweifel, der Verzweiflungen, trotz der Bemühungen, sie hinter mir zu lassen, höre ich nicht auf, für mich selbst die Liebe als Wert zu bejahen.« Roland Barthes, *Fragmente einer Sprache der Liebe*, a.a.O., S. 55

Besessenheit vom Gedanken an den Anderen beherrscht, erschöpft vom Warten, und zieht doch die Treuepflicht, der er nun unterliegt, seiner früheren Herrschaft vor. Und genau danach, nach dieser Unterordnung, nach dieser Passivität sehnt man sich, wenn man im vollen Besitz seiner selbst davon träumt, die Liebe kennenzulernen. La Bruyère, am Ende der *Suche nach der verlorenen Zeit* von Proust zitiert, verleiht diesem Paradox aufs deutlichste Ausdruck. »Oft möchten die Menschen lieben und wissen nicht, wie sie es anstellen sollen, sie suchen ihre Niederlage, ohne sie finden zu können und sind, wenn ich einmal so sagen darf, gezwungen frei zu bleiben.«

Weil man immer nur die Überschwenglichkeit der Liebe gegen die Starrheit des Gesetzes ins Feld geführt hat, ist die Hauptsache außer acht gelassen worden: die Leidenschaft treibt das Subjekt über die Freiheit hinaus, ohne es jedoch zu versklaven. »Ich bin krank vor Liebe«, heißt es im Hohenlied Salomos. Doch diese Krankheit ist keine Entfremdung, diese Macht unterdrückt nicht, dieses Erlebnis der Invasion des Anderen in einen selbst muß man sich in einem der Herrschaft völlig entgegengesetzten Sinn denken. Eine Un-Freiheit, die nichts Schlechtes ist. Ein Dienst, der nicht Dienstbarkeit ist. Eine Passivität, die keine Kapitulation ist. Hierin, viel mehr als im Verstoß gegen die guten Sitten oder der Übertretung der Normen, liegt der wahre Skandal der Liebe.

Wir sehen die Welt heute als Schauspiel eines vielgestaltigen Konflikts zwischen der Freiheit und den Mächten. Es gibt für uns nur freie Selbstbewußtseine oder geknechtete Selbstbewußtseine, unabhängige Subjekte oder Subjekte, die dem Anderen zum Opfer gefallen sind. Wir neigen sogar zu der Anschauung, die Unabhängigkeit sei zur Stunde eine Illusion und die Freiheit, in der wir zu leben glauben, sei ausgehöhlt von subtilen Determinationen. Wir unterstehen nicht dem Befehl der Gesellschaft, aber wir sind nach wie vor von ihr programmiert. Das System führt uns weiterhin hinters Licht, auch wenn wir ihm nicht mehr gehorchen. In jedem Fall erschöpft sich das menschliche Dasein für uns in der Alternative zwischen Autonomie und – tatsächlicher oder symbolischer – Gewalt. Unser Ziel ist also einfach: die Macht des Fremden auf unser Bewußtsein zu schwächen. Und was ist nun die Liebe? Ein Stein des Anstoßes, ein Anachronismus in unserer Modernität. Das liebende Subjekt erkennt sich in keinem der zur Wahl stehenden Begriffe wieder: die Anwesenheit des Anderen in ihm ist keine Entfremdung, sondern eine Weihe. Sein inneres Leben ist eine Opfergabe, eine ununterbrochene Widmung an das geliebte Gesicht, das den Liebenden so vom Zwang zur Freiheit erlöst. Diese Erfahrung hebt das uneingeschränkte Privileg auf, das die Konfrontation von Freiheit und Macht genießt. Es gibt also eine Art und Weise, sich vor dem Anderen zu verneigen, die keine Unterwerfung ist.

Dieser Andere wird freilich nur auf Kosten aller anderen aufgenommen. Ein einziger Mensch fehlt einem . . . Wenn die Liebe blind macht, dann zuerst für alles, was nicht dieser Mensch ist: Das geliebte Antlitz hat das Monopol der Gesichter. »Wenn man liebt«, sagt Proust, »mag man niemanden mehr.« Und Jouhandeau: »Adieu ihr Gesichter. Ich kenne nun kein anderes mehr als ihres.« Die Leidenschaft weist die ganze Welt zurück. Wer dagegen protestiert und nicht gehen will, wird lästig: Der Versuch, den eigenen Untergang zu überleben, stört die geschlossene Gesellschaft des *amour fou*. Zu diesen Störenfrieden gehören auch die Rivalen, aber die Eifersucht – ein beliebtes Romanthema – ist nur die dramatischste und bekannteste Art und Weise, den Dritten auszuschließen und im Namen des Anderen jedes weitere Ersuchen abzulehnen. Das geliebte Gesicht und die Quälgeister: diese Aufteilung macht den Fanatismus der Liebe aus, ihre virtuelle Gewalt, ihre »unsägliche Ungerechtigkeit« um die Worte einer Figur von Paul Claudel aufzugreifen.* Bleibt, daß die Erfahrung des Fremden vielleicht nur um diesen Preis zu haben ist, daß es – um noch einmal mit Claudel zu sprechen – anders nicht möglich ist, uns »den Nächsten begreiflich zu machen«, »ihn uns unter die Haut gehen zu lassen«**, in einem Wort: daß zwischen dem liebenden Bewußtsein und dem moralischen Bewußtsein eine geheime Verwandtschaft besteht, die man jedoch nur gewahr wird, wenn man Ethik und Leidenschaft dem ihnen eigenen Pathos entreißt, jener summarischen Vorstellung, die sie an die Werte der Freiheit und der Verschmelzung bindet.

Fremder und Nächster, fern selbst in der Nähe, da seine Anwesenheit darin besteht, diese Anwesenheit ständig hinauszuschieben; nah im Augenblick der größ-

---

* Yse in Paul Claudel, *Mittagswende*, Köln 1962
** Paul Claudel, *Der seidene Schuh*, Salzburg 1939

ten Entfernung, da dieses Wesen, das mich flieht, mir keinen Schlupfwinkel beläßt, wohin ich ihm entfliehen könnte – das ist der Andere sowohl in der moralischen Beziehung als auch in der Liebe.

Eros und Verbindung

> Nächtens auf meinem Lager suchte ich, den meine Seele liebt; ihn suchte ich, doch ich fand ihn nicht.
>
> Das Hohelied, 3.1

Der traditionellen jüdischen Interpretation zufolge ist das Hohelied eine Allegorie des Bundes zwischen Gott und seinem Volk. Die Rabbiner haben es verstanden, diesen von Sinnlichkeit überquellenden Versen eine einwandfreie theologische oder moralische Bedeutung zu verleihen. Umgekehrt fällt es schwer, in Lévinas' strengen Sätzen nicht einen Bezug auf den Zustand des Verliebtseins zu sehen. Die rigorosen Worte Güte, Verantwortung oder schlechtes Gewissen – von der sexuellen Befreiung ins Lächerliche gezogen – nehmen eine unvermutet milde oder heftige Note an. Der grundlegende Doppelsinn dieser Philosophie besteht darin, daß man bei der Lektüre das Register des Gefühlslebens oder auch das des ethischen Lebens ziehen kann. Die quälenden Beschreibungen der Begegnung mit dem Nächsten erinnern den Leser unweigerlich an die Zeiten, in denen er selbst höchste Erregung verspüren durfte und die ihn – solange sie Macht über ihn besaßen – für das tägliche

Leben untauglich gemacht haben. Das fremde Antlitz schließlich, das einem nicht aus dem Sinn geht und nicht zu vereinnahmen ist, erinnert an ein früher oder gegenwärtig geliebtes Gesicht, und Lévinas' Analysen kommentieren ganz selbstverständlich die großen leidenschaftlichen Verwicklungen der *Suche nach der verlorenen Zeit*.

Diese Entsprechung ist keineswegs willkürlich. Lévinas entwickelt seine ethische Reflexion anhand einer Phänomenologie der Wollust. Sogar in der Chronologie seiner Werke stellt die körperliche Umarmung den Beginn des Von-Angesicht-zu-Angesicht mit dem Nächsten dar; im Eros tritt das Anderssein des Anderen zum ersten Mal in seiner Reinheit auf. Das Erotische ist bereits ethisch, die unter dem Titel *Die Zeit und der Andere* gesammelten Vorlesungen aus dem Collège philosophique kündigen *Totalität und Unendlichkeit* an, als ob in dem Augenblick, in dem es zulässig und fast zur Pflicht wurde, in jeder, selbst in der ätherischsten Zuneigung ein sexuelles Begehren aufzuspüren, als ob in diesem Moment Lévinas den umgekehrten Weg einschlüge und nicht den *Eros* in der *Agape*, sondern vielmehr Spuren der *Agape* im *Eros* und im Umgang der Körper das Modell einer höheren Verbindung suchte: eine Form der gesellschaftlichen Existenz, die sich weder auf den Kampf noch auf den Rausch der Verschmelzung zurückführen läßt.

Wie Bataille, wie Sartre und zur gleichen Zeit wie sie weigert Lévinas sich, Erotik und Sexualität zu identifizieren. Denn wenn man von Sexualität spricht, trennt man die Paarung vom Rest der Existenz, man sieht in ihr ein – je nach Saison oder Person mehr oder weniger dringliches – Bedürfnis, man analysiert ihre Funktionsweise und rechnet sie den Genüssen zu. Nun ist »die Wollust (aber) kein Vergnügen wie ein anderes, denn sie ist kein einsames Vergnügen wie das Essen und Trinken.«* Das Thema des Geschlechtstriebs verdeckt den *Eros* als Beziehung, als Zugang zum Anderen. Eine Beziehung, die Sartre als eine Form des Kriegs der Selbstbewußtseine sieht und Bataille als den Moment eines Zusammentreffens, in dem die Liebenden sich von ihrem biologischen Schicksal losreißen, das bestimmt, daß jeder Mensch von allen seinen Mitmenschen getrennt sei.**

Im Gegensatz zu Bataille preist Lévinas die Trennung der Menschen in der Begegnung der Körper. Der *Eros* ist nicht jenes kurzlebige Schauspiel, das die Diskontinuität zwischen den Individuen aufhebt, sondern der Augenblick, in dem sich ein schwindelnder Abgrund auftut und erforscht wird. Es gibt kein *erotisches* Einssein. Im Gegenteil, bis zur Ekstase wird das Begehren durch die Entdeckung der unbezähmbaren *Nähe* des Anderen getrieben: entblößt, dargeboten, außer sich, sagt sich die Geliebte mehr denn je von unserer Beziehung los. Keinerlei Entkommen: nichts in ihr lenkt mich von ihrem

---

* Emmanuel Lévinas, *Die Zeit und der Andere*, a.a.O., S. 59
** Vgl. Georges Bataille, *Der heilige Eros*, Frankfurt/Main, Berlin, Wien 1974, S. 16: »Der ganze Aufwand der Erotik ist im Grunde nur darauf ausgerichtet, die Struktur jenes abgeschlossenen Wesens zu zerstören, das die Partner des Spieles im Normalzustand sind.« Oder S. 18: »Es handelt sich darum, in eine auf Diskontinuität gegründete Welt so viel Kontinuität einzulassen, wie diese Welt ertragen kann.«

Anderssein ab; unter meinen Liebkosungen *wird ihr ganzer Körper Antlitz*. Die höchste Lust besteht darin, über nichts Macht zu gewinnen, unaufhörlich auf etwas zuzugehen, das man nicht erreichen kann, einen unbezwingbaren Leib zu suchen, zu umwerben, zu ergründen und nicht darin, in seliger Konfusion das Schicksal der Distanz und Zurückgezogenheit in sich selbst zu überwinden.

Das Modell der Konfrontation paßt nicht besser als das der Verschmelzung auf die körperliche Lust. Im Gegensatz zu Sartre entdeckt Lévinas in der unüberwindlichen Dualität der erotischen Beziehung nicht die Manöver eines Konfliktes, sondern das Pathos der Liebe, das Lustvolle der Lust. Zwei sein: ich brauche die ganze Sorgfalt und den ganzen Eifer des Liebesrituals, um zu dem Wunder zu gelangen, das unter dem Offensichtlichen verborgen liegt. Der Andere ist kein Objekt, das ich mir aneigne, oder eine Freiheit, die ich günstig stimmen muß, um meine eigene zu behaupten: Er ist ein Wesen, dessen Seinsweise darin besteht, sich niemals ganz hinzugeben (der Begierde, der Erkenntnis oder dem Blick). Was ist der Liebesakt? Eine Sehnsucht nach dem ganz Nahen, als ob, auch wenn alle Hindernisse behoben sind, der Andere sich noch in der Berührung der Haut und der Verschlingung der Körper nicht ganz nehmen lassen wollte.

Bevor die Erotik Gewalt oder Verletzung ist, ist sie die Erfahrung der Unantastbarkeit des Fremden, oder besser: seiner *Schamhaftigkeit*. Mit beispielloser Kühnheit führt Lévinas mitten in seiner Phänomenologie der Wollust dieses Schlagwort der Prüden und Scheinheiligen ein, das abfälligste Wort unserer Liebessprache. Man überlasse sich in der Umarmung dem Rausch des »alles ist erlaubt«, errege durch zügellose Ausschweifung das Mißfallen der Gesetze der Wohlanständigkeit, verletze ein Tabu nach dem anderen, werfe auch die letzten Reste von Schüchternheit und Zurückhaltung über Bord, opfere die züchtige Liturgie des gewohnten Verhaltens einer grenzenlosen Schamlosigkeit, einer hemmungslosen Bestialität – alles umsonst: »Das Entdeckte gibt in der Entdeckung sein Geheimnis nicht preis, das Verborgene enthüllt sich nicht, das Dunkel lichtet sich nicht.«* Diese Niederlage des Lichts, dieses nicht faßbare Zögern des Anderen mitten in der obszönsten Nacktheit bezeichnet Lévinas mit dem verschrienen Begriff Schamhaftigkeit. Die Verzückung der Liebe verdient etwas Besseres als den Triumph der Zuckungen über die Schicklichkeit, ein Triumph, zu dem die Diskurse der Befreiung auffordern und auf den sie die Verzückung der Liebe reduzieren.

Mit dem, was man früher Konkupiszenz nannte, verhält es sich wie mit der Leidenschaft. Auf der Suche nach einer Ergänzung oder einem / einer Partner(in) begegne ich dem Unbeugsamen. Ich wollte einen Körper, der sich mir hingibt oder eine Seele, die sich mit der meinen vereint; doch ich finde nur die besitzergreifende Nähe eines Antlitzes. Ich hatte mir die vollkommene Übereinstimmung gewünscht, und ich mache die Erfahrung einer unüberwindlichen Distanz. Ich hatte gehofft, zu erobern und zu besitzen, und ich erlebe, daß »ein anderes Wesen zu besitzen, immer unmöglich ist«.** Und schließlich glaubte ich, zwei sein bedeute, ein Ganzes zu

* Emmanuel Lévinas, *Totalité et infini*, a.a.O., S. 237
** Marcel Proust, *In Swanns Welt*, a.a.O., S. 480

bilden. Aber das geliebte Wesen bleibt hartnäckig außerhalb von mir. Die Beziehung, die mich an es bindet, »hebt die Trennung nicht auf, sondern bekräftigt sie«.*

Bedeutet das, wie Proust selbst es Emmanuel Berl gegenüber behauptet, daß die Liebe die hoffnungslose Unvereinbarkeit aufdeckt? Gibt es eine Niederlage, weil es kein Zusammenkommen gibt? Ist die Trennung das Gegenteil der Verschmelzung, wie das Wirkliche das Gegenteil des Idealen und die düstere Wahrheit der *Conditio humana* das Gegenteil der abgeschmackten Verzierungen, mit denen diejenigen, die dieser Wahrheit nicht ins Auge sehen können, sie verdecken? Vielleicht muß man die Umkehrung dieses Satzes wagen: man kann von Verbindung in der Liebe sprechen, solange es der Dualität nicht gelingt, sich in Einheit zu verwandeln. Sobald der Andere nicht mehr woanders ist als ich, sobald er mein Verständnis nicht mehr übersteigt, reißt die Verbindung ab, und die erotische oder leidenschaftliche Beziehung wird im Monolog aufgehoben.

Dadurch bekommt das Thema der Einsamkeit bei Proust einen neuen Sinn. Sie wird in Verbindung umgekehrt, und darin liegt ihr Ereignis. Ihre Hoffnungslosigkeit ist eine unerschöpfliche Quelle der Hoffnung. Was für eine paradoxe Auffassung in einer Kultur, die trotz der seit den Eleaten erreichten Fortschritte in der Einheit die Krönung des Seins sieht. Doch Prousts tiefgreifendste Lehre – wenn die Dichtung denn überhaupt Lehren beinhaltet – besteht darin, das Wirkliche mit dem, was immer anders bleibt, in Beziehung zu setzen, mit dem Fremden als Abwesenheit und Geheimnis . . .«**

* Emmanuel Lévinas, *Totalité et infini*, a.a.O., S. 271
** Emmanuel Lévinas, *L'autre dans Proust*, in: *Noms propres*, Montpellier 1976, S. 155/56

Drittes Kapitel

Antlitz und wahres Gesicht

Entgegen und trotz allem bejaht der Liebende seine Leidenschaft als Wert. Er bekämpft sie zwar in Momenten der Verzweiflung, faßt regelmäßig den mannhaften Entschluß, wieder zu sich zu kommen, und führt sich selbst mit unerbittlicher Strenge alle Gründe gegen seine Liebe vor Augen, doch eine innere Stimme »klingt etwas länger nach«, und setzt, wie Barthes schreibt, »allem, was in der Liebe ›unmöglich‹ ist, die Bejahung dessen entgegen, was seinen Wert in sich selbst hat.«* Wert aber haben gerade die Phasen der Schwäche, die Anwandlungen von Schüchternheit, das Gefühl der Ohnmacht, also die Niederlagen in der Liebe. Diese werden vielleicht vom Ich mit seinem martialischen Selbstbild verachtet, signalisieren jedoch die Gegenwart eines anderen. Man muß die Initiative verlieren, damit der Andere sich einem offenbart. Die Initiative verlieren, das heißt, daß man das geliebte Wesen weder vertreiben noch aufnehmen, weder auf Distanz halten noch mit dem, was man von ihm weiß, gleichsetzen kann. Lieben bedeutet in Beziehung zu einem Antlitz zu treten, das nicht draußen und nicht drinnen ist, das sich ebensowenig vergessen wie eingrenzen läßt. Man kann seine Tür nicht vor jemandem verschließen, den man liebt, man kann sie aber genausowenig hinter ihm zuschließen.

Für diese zweifache Schwäche ist der Liebende seiner Leidenschaft dankbar, denn es scheint, als entginge er in seiner Verwirrung und durch seine Gastfreundschaft der *Dummheit* einer souveränen Existenz. Der Dummheit, das heißt, niemals dumm zu sein, immer wieder auf die Füße zu fallen, jedes neue Gesicht prompt in das Reper-

* Roland Barthes, *Fragmente einer Sprache der Liebe*, a.a.O., S. 55

toire an bewährten Bedeutungen und Gemeinplätzen zu integrieren. Nicht Mangel an Geist, sondern ein Geist, der sich ununterbrochen selbst gegenwärtig ist, eine Ausgeglichenheit, gegen die nichts und niemand ankommt. Die Menschen reden, die Karawane zieht vorbei: die Dummheit erkennt man an jenem ruhigen Fortschreiten eines Wesens, das Worte von außen weder ablenken noch berühren können. Sie ist nicht das Gegenteil der Intelligenz, sondern jene Form der Intellektualität, die alles auf ihr eigenes Maß zurechtstutzt und jeden Anfang in einem vertrauten Vorgang auflöst. Der Dummheit ist nichts Menschliches jemals fremd; dies macht – über die Lächerlichkeit hinaus – ihre unerschütterliche Kraft und ihre mögliche Grausamkeit aus.

Von der Dummheit

»Wenn ich die Regierung wäre«, ruft Monsieur Homais aus, »würde ich die Pfaffen einmal im Monat zur Ader lassen. Jawohl, Madame Lefrançois, alle Monate einen gehörigen Aderlaß im Interesse der Ordnung und der Sittlichkeit.« Das kann sich hören lassen. Und der unsterbliche Apotheker aus *Madame Bovary* fährt fort: »Mein Gott ist der Gott von Sokrates, Franklin, Voltaire und Béranger! Ich bin für die *Profession de foi du vicaire savoyard** und

---

* *Glaubensbekenntnis des savoyischen Vikars*, ursprünglich als selbständige Abhandlung konzipierter Teil des 1762 erschienenen Erziehungsromans *Emile* von Jean-Jacques Rousseau, in dem der Autor die Notwendigkeit einer persönlichen Religion nachzuweisen sucht, die sich auf die Betrachtung der Natur und auf das Gefühl gründet. A.d.Ü.

für die unsterblichen Grundsätze von neunundachtzig. Natürlich glaube ich nicht an einen guten Gott, der mit dem Spazierstock in der Hand auf seiner schönen Erde lustwandelt, seine Freunde im Bauch von Walfischen einmietet, mit einem Schrei stirbt und am dritten Tag aufersteht. Das ist an sich Unsinn und widerspricht obendrein allen Gesetzen der Physik. Und es beweist nebenbei, daß die Pfaffen immer in einem schändlichen Unwissen dahingelebt haben, in das sie das ganze Volk hineinziehen möchten.«*

Mit dieser Erklärung gibt Homais sich als Erbe der Aufklärung aus: die Welt ist ein Theater diametral entgegengesetzter Kräfte, und angesichts dieser Konfrontation ergreift er Partei für die Philosophie gegen die Finsternis, für die Vernunft gegen Aberglauben und Dogma. Der Offenbarung, die alles auf einen Schlag bietet, hält er die Kritik entgegen. Auf die Legenden der Bibel – von einer noch in den Kinderschuhen steckenden Menschheit für bare Münze genommen – reagiert er als Erwachsener, der aufgehört hat, an den Weihnachtsmann zu glauben. Keine Macht kann das Denken nunmehr von außen mit Vollmacht ausstatten, es ist nicht länger die Magd der Theologie, ist der Dienstmädchenstellung, auf die das Mittelalter es beschränken wollte, entwachsen. Die Philosophie ist in Griechenland aus einer Auflehnung gegen die *doxa*, die Meinung, entstanden; ihre Renaissance verdankt sie der Ablehnung der *Orthodoxie*, und Homais, der Freidenker, unterstützt mit seiner Eloquenz diese Emanzipationsbewegung.

* Gustave Flaubert, *Madame Bovary*, Zürich 1979, S. 94/95

Dem Wortführer der Moderne und seiner ruhigen Gottlosigkeit steht – unwissend und intolerant – der Abbé Bournisien gegenüber: Der Kampf zwischen ihnen symbolisiert das Schisma zwischen Wissenschaft und Glauben im Europa des 19. Jahrhunderts. Für den Abbé gibt es nur das eine, vom Geist erleuchtete Buch; der Apotheker dagegen schwenkt wie eine Fahne die Bücher, die einen kritischen Geist entfaltet und somit dem Denken Selbständigkeit und eigene Kriterien wiedergegeben haben. Der eine möchte die Vernunft vor der göttlichen Wahrheit demütigen; der andere möchte die Menschen von der geoffenbarten Wahrheit befreien, sie allein dem Gesetz des klaren und vernünftigen Denkens unterstellen. Und doch sind diese Feinde Brüder. Brüder im Gehorsam und in ihren Gemeinplätzen. Ihre Werte widersprechen einander, aber ihre Gläubigkeit ist die gleiche. Von Bournisien bis zu Homais hat sich »das Absolute nur verlagert: die Religion war im Himmel angesiedelt, der liberale Szientismus legt sie in die menschliche Vernunft«.*

Das 18. Jahrhundert hatte alle Kräfte darauf verwandt, die Gedankenarbeit jeder kirchlichen Gerichtsbarkeit zu entreißen. Das folgende Jahrhundert stellt entmutigt die Nichtigkeit dieser Bemühung fest. Vom Kampf gegen den Obskurantismus hatte man sich eine Reifung des Menschen versprochen, doch in Wirklichkeit führte er nur zu einem Wandel der Vormundschaft. Die Offenbarung sollte dem vernichtenden Werk der Vernunft unterworfen werden, statt dessen ist die Vernunft zur

* Jean-Paul Sartre, *Der Idiot der Familie – Gustave Flaubert 1821 bis 1857*, Reinbek bei Hamburg 1977, S. 651

geoffenbarten Wahrheit erstarrt. Homais ist ein frommer Voltairianer, ein devoter Verfechter der Wissenschaft. Den Vorurteilen der Kirche begegnet er nur mit neuen Stereotypen. Eine Bibel verdrängt die andere: der Rationalismus, der die Geschichten der Heiligen Schrift als völlig unwahrscheinlich darstellt, bringt schließlich seine eigenen Dogmen hervor. Keiner urteilt selbst, jeder betet irgendetwas nach: Freidenker wie Klerikale sind nichts als leblose Sammelbecken für Urteile und Sprüche, die dort von einer Kollektivweisheit deponiert werden. Das Nicht-Denken herrscht sogar in Systemen, die ihm ausdrücklich den Kampf angesagt haben. Als religiöser Inhalt niedergeschlagen, triumphiert die Offenbarung als geistiger Prozeß. Diesem universellen Katechismus, dieser Allgegenwart des »Feststehenden« behält das 19. Jahrhundert die Bezeichnung *Dummheit* vor. »In ein und demselben Buch zeigt uns Flaubert die verhaßte Dummheit eines Antiklerikalen und die verhaßte Dummheit eines Priesters, der den Antiklerikalismus vollständig rechtfertigt.«*

Eine geheime Solidarität zwischen dem ungläubigen Homais und dem Abbé Bournisien stellt den Streit zwischen ihnen immer wieder in Abrede: jeder von ihnen setzt ein unbedingtes Vertrauen in sein Idol. Einer wie der andere lassen sie sich wie Eisen schmieden, weil sie ihre Wahrheiten übernehmen, ohne das Bedürfnis zu verspüren, diese selbst noch einmal zu durchdenken, und sie sind nicht aus der Ruhe zu bringen, weil nichts Neues in ihren Geist eindringen kann. Kurzum, sie haben alle beide einen

* Ebd.

Köhlerglauben und diese Gemeinsamkeit, genannt Dummheit, hebt die Gegensätze auf, auf die das Jahrhundert der Aufklärung seinen Optimismus gründete.

Wenn man heute den Begriff *langue de bois** verwendet, um auf den Zustand des politischen Diskurses in den totalitären Ländern hinzuweisen, so bezieht man sich auf dieses Flaubertsche Modell der Dummheit. Beide, Revolution und Wissenschaft haben ihre Messieurs Homais hervorgebracht. Unbeirrbar und schulmeisterlich dozieren sie, rattern ihre auswendiggelernten Slogans herunter und verkünden in einer fast schon liturgischen Sprache ihre bedingungslose Zustimmung zum Lauf der Geschichte. Für jedes Ereignis finden sie in ihrer Heiligen Schrift entsprechende Maximen oder Sprichwörter. Mit der gleichen Dreistigkeit und der gleichen Seelenruhe wie der Apotheker lassen sie jede außergewöhnliche Tatsache in dem allgmeinen und erstarrten Wissen aufgehen, das sie überall mit sich herumtragen. Kaum haben sie angefangen zu reden, weiß man bereits, wie ihre Sätze enden; Sätze, die nichts anderes tun, als eine begrenzte Anzahl von Figuren in sehr einfachen Variationen zu kombinieren. Die Wissenschaft hatte den Glauben besiegen wollen: statt dessen hat sie einen Katechismus fabriziert. Nachdem die revolutionäre Kritik in der religiösen Entfremdung das Modell aller Entfremdungen angeprangert hatte, verknöchert sie nun selbst zu einer *langue de bois*, zum »monströsen Latein einer monströsen Kirche«.** Selbst wenn der Mensch glaubt,

* Wörtlich: »Sprache aus Holz«; A.d.Ü.
** Louis Martinez, *La »langue de bois« soviétique*, in: *Commentaire* 16, S. 515

er habe mit der Gottesfurcht gebrochen, bleibt er ihr unterworfen. Was ist Dummheit? Die ironische Rache des religiösen Obskurantismus an den Diskursen, die ihn aus dem Weg räumen wollten, der Glaube, der seine Grenzen überschreitet und sich allmählich überall festsetzt.

Religiöse Dummheit, bürgerliche Dummheit, revolutionäre Dummheit: immer steht das gleiche Schema zur Debatte. Man denkt nicht nach, sondern man gehorcht; die Gläubigkeit trägt den Sieg über den kritischen Geist davon; anstatt seinen Verstand zu gebrauchen, wirft man sich einer unbestreitbaren Offenbarung zu Füßen. Angesichts der Hartnäckigkeit der Dummheit – die Vernunft hat der Herrschaft der Offenbarung über die Menschen kein Ende setzen können – gesteht die Moderne ihre Niederlage ein und beteuert ihre Unschuld: wenn der Unverstand in unserer Welt die Oberhand behält, so kann es sich nur um einen zählebigen Archaismus handeln und nicht um den Stand der Dinge in einer Epoche, die wie keine andere den der intellektuellen Eigenständigkeit eines denkenden Wesens gesetzten Rahmen sprengen wollte. Aber die Diagnose greift zu kurz: es ist keineswegs sicher, daß die Aktivität des Denkens sich nur durch Frömmigkeit und Gehorsam zur Dummheit versteift.

Die Bewußtseinskrise ist mindestens ebenso charakteristisch für die Moderne wie die Emanzipation der Vernunft. Die Auflösung der *Innerlichkeit* geht Hand in Hand mit der Kritik der Autorität. Das menschliche Subjekt erhebt Anspruch auf die Initiative und setzt sich selbst als Ursprung von Gesellschaft, Wissen und Gesetz. Ohne göttliches Recht und ohne geoffenbarte Wahrheit errichtet der Mensch seine Herrschaft dort, wo bisher die unergründliche Weisheit des Schöpfers regiert hatte. Aber kaum ist es ihm gelungen, sich als deutlich unterschiedene Wirklichkeit zu denken, kaum hat er sich von den Banden der Unterwerfung unter den Allerhöchsten befreit, findet er sich in den Ketten seiner Bedingtheit wieder. Zwar wird er nun nicht mehr von einem fremden Willen gelenkt, aber nur, um sogleich in eine andere Kategorie der Unterordnung zu fallen. Der Mensch ist nicht im Besitz seiner selbst: Er durchschaut seine wahren Beweggründe nicht und handelt, ohne sich zu kennen; sein Innerstes ist eine Illusion, der Wert seiner Worte liegt nicht in dem, was sie zum Ausdruck bringen, sondern darin, was sich in ihnen verrät: gesellschaftliche Zugehörigkeit, unbewußte Wünsche, die Logik der Geschichte. Zwischen dem, was der Mensch ist und dem, was er darüber weiß, tut sich eine Kluft auf, in der die Humanwissenschaften ihr Königreich errichtet haben. Die Entdeckung dieses Abgrunds hat dem Wissen beträchtliche Fortschritte eingebracht. Niemand kann die günstigen Auswirkungen auf den einzelnen und auf das gesellschaftliche Leben leugnen. Indem man die psychische Realität zum Gegenstand eines speziellen Forschungsgebiets machte, indem man entdeckte, welche Dinge dem Bewußtsein des Subjekts entgingen, wurde es möglich, Phänomene, über die man vorher keine Macht besaß, zu heilen, zu stärken oder vorwegzunehmen.

Doch auch diese grundsätzlich mißtrauische Haltung hat ihren Dogmatismus hervorgebracht. Die Gläubigkeit – ganz gleich ob politischer, frommer oder einfach konformistischer Natur – besteht darin, *zuzuhören ohne zu interpretieren*. Es gibt aber noch eine andere Dummheit, die ebenfalls im politischen und religiösen Diskurs wie auch im täglichen Leben zu finden ist und die den Anschein des Urteilsvermögens sowie den Zauber des Scharfblicks für sich hat: *interpretieren, um nicht zuhören zu müssen* – den gesprochenen oder geschriebenen Worten entfliehen ins Nicht-Gesagte, von dem sie Zeugnis ablegen, sie in ihrem Zusammenhang auflösen, im sprechenden Menschen nur das sehen, was durch ihn hindurch spricht und sich so mittels eines ständigen Mißtrauens all dem entziehen, was eine fremde Äußerung an Schneidendem oder Störendem haben kann.

Interpretieren, um nicht zuhören zu müssen: das verstößt gegen die herkömmliche Auffassung von Dummheit. Diese Form des Unverstands ist nicht träge oder stumpf, sondern flink, neugierig und ständig in Bewegung. Sie ist schlau und läßt sich nichts vormachen, denn sie weiß, daß nicht in den Menschen selbst der Ursprung ihrer Sprache liegt. Daher ist sie darauf bedacht, über die wörtliche Bedeutung der Äußerungen hinauszugehen, um »den kohärenten Diskurs, dem der Sprecher nur seine Zunge und seine Lippen leiht«*, zu erfassen. Diese Dummheit versteht den Gesprächspartner an seiner statt, schleicht sich ein in die Beziehung, die er mit seinem Diskurs unterhält, um dessen verborgene Triebkräfte und tatsächliche Tragweite besser als der andere selbst beurteilen zu können. Dadurch schützt sie sich unter dem Vorwand nicht des Glaubens, sondern der

---

* Emmanuel Lévinas, *Difficile liberté*, a.a.O., S. 267

Entmystifizierung vor jeder Belehrung und erklärt das Auftauchen neuer Bedeutungen für nichtig. Der Andere spricht nicht, er wird gesprochen: ein Wechsel vom Aktiv zum Passiv und die Sache ist erledigt. Es ist also – wenigstens zwischen den Zeilen – nur das gesagt worden, was man hören wollte.

Statt sich gegen das Denken selbst aufzulehnen, entwendet die interpretierende Dummheit ihm sein Werkzeug und kehrt es um, um ihren eigenen Triumph zu sichern. Systematisiert macht der Verdacht nämlich taub. Paradoxe Taubheit des überlegenen Zuhörers. Glorreiche Taubheit desjenigen, den man nicht hereinlegt, weil er ein feineres Gehör hat. So greift – mit noch unerschütterlicherer Gelassenheit als der des Monsieur Homais – eine als Wachsamkeit verkleidete Dummheit in der Welt um sich. Ihre Anhänger berufen sich nicht auf das Siegel einer transzendenten Autorität, um dem Dialog ein Ende zu setzen. Sie lesen hinter den Worten des Partners seine Lebensgrundsätze oder die verborgene Wahrheit, die ihn bestimmt. Ihrem Gegenüber bieten sie nicht »die eigensinnige Stirn desjenigen der nichts versteht«*, sondern das feine Lächeln desjenigen, der *besser* versteht. Ihre Arroganz und ihre bis zum Überdruß wiederholte Kritik stellen sich selbst das bombenfeste Alibi eines tieferen Verständnisses aus.

* Jean Claude Milner, *Les noms indistincts*, Paris 1983, S. 134

Das Privileg des Hinterbliebenen

Schwer von Begriff, voluminös, selbstgefällig: so tritt im vollen Glanz seiner Dummheit der Abbé Bournisien in Erscheinung. Als Emma Bovary in höchster Bedrängnis zu ihm kommt, versteht er ihre doch so offensichtliche Verwirrung nicht. Sie leidet? »Die ersten warmen Tage machen einen erstaunlich matt, nicht wahr? Aber was wollen Sie! Wir sind zum Leiden geboren, wie der heilige Paulus sagt.«* Den Kopf voller Bibelverse, entzieht der Geistliche sich dem Geschehen durch das Zitat. Noch materialistischer als Monsieur Homais übersetzt er die geistigen Sorgen und die Kümmernisse des Herzens in körperliche Bedürfnisse. Und als Gipfel der Farce verordnet er der, die gekommen war, um in der Beichte Klarheit und Erleichterung zu finden, ein Allheilmittel. »›Ist Ihnen nicht wohl?‹ sagte er und trat besorgt näher. ›Gewiß die Verdauung. Sie müssen nach Hause gehen, Madame Bovary, und ein bißchen Tee trinken, das wird Sie stärken. Oder ein Glas Zuckerwasser.‹«**

Eine gängige Erfahrung, die Emma Bovary da macht: ihre Worte sind zwecklos, völlig überflüssig. Sie prallen an ihrem Gesprächspartner ab, statt in ihn einzudringen. »Ich rede gegen eine Wand«, sagt man, um die Mutlosigkeit zu beschreiben, die einen manchmal befällt, wenn man nicht verstanden wird. Heutzutage liefe Emma indessen eine andere Gefahr: nicht die, auf *Unverständnis* zu stoßen, sondern die, *eingegliedert* zu werden. »Hyste-

---

* Gustave Flaubert, *Madame Bovary*, a.a.O., S. 134
** Ebd., S. 136

rische Kleinbürgerin«, würde Bournisien – halb Psycho-
loge, halb Arbeiterpriester – über Madame Bovary denken, während er ihrem »Diskurs« zuhört, und ohne das
Thema direkt anzuschneiden, würde er Erkundigungen
über ihre Umwelt und über ihre frühe Kindheit ein-
ziehen. Hinter dem, was sie sagt, würde dieser raffinierte
Zuhörer das entziffern, was sie sagen will, oder genauer,
das was sie *nicht* sagen will, was aber gegen ihren Willen
zum Ausdruck kommt. Und die arme Emma würde sich
weniger damit herumschlagen, ihren Worten Gehör zu
verschaffen, als damit, sie zurückzunehmen. Wenn sie
auch spricht, hätte sie doch das seltsame, schmerzliche,
empörende Gefühl, schutzlos und *sprachlos* vor der Interpretation ihrer Geschichte zu stehen. Sie hätte nicht
so sehr den Eindruck, gegen eine Mauer zu sprechen, als
selbst eingemauert und dazu verurteilt zu sein, auf
immer ein Geheimnis zu bestätigen, das ihr selbst verborgen ist. Und anstatt zu versuchen, einen schwachen
Funken Intelligenz in der leblosen Masse ihres Gegen-
übers zu wecken, würde sie alle Kraft darauf verwenden,
ihrer eigenen Verdinglichung zu entgehen. Kurzum, es
brächte sie in Rage zu sehen, wie ihr Beichtvater Urteile
verlautbaren läßt, als schriebe er einen Nachruf auf sie.
Denn das Denken kann auf zweierlei Art und Weise ins
Sektierertum absinken und das gesellschaftliche Band
zerreißen: entweder stirbt es ab wie der Abbé Bournisien, trocknet aus und verhärtet sich, oder es versteinert
im Gegenteil den Gesprächspartner, läßt ihn in einer
einzigen Essenz, die sich in seinen Worten spiegelt, er
starren und spricht ihm das Recht ab, dem Bild, das man
von ihm hat, zu Hilfe zu kommen, um es richtigzustel-

len, zu widerrufen oder zu fliehen. Ein borniertes Denken im einen Fall, ein *tödlich verletzendes* im anderen: »Die damit angesprochene Dummheit ist keine Geisteskrankheit, und doch ist sie die lebensgefährlichste, die dem Leben selbst gefährliche Krankheit des Geistes.«*

Weisheit der Liebe: nun können wir die Bedeutung – oder wenigstens eine der möglichen Bedeutungen – dieses Ausdrucks deutlicher fassen. Das geliebte Wesen ist nämlich im Stande dauernder Auferstehung. Unaufhörlich entziffere ich es, doch es bricht aus der Umzingelung aus, deckt sich nie völlig mit dem, was man über es sagt, erholt sich von allen meinen Bemühungen, es einzukreisen oder zu meinen Gunsten zu beeinflussen. Die Liebe, die alles vergißt, gemahnt an den Anderen. Dieser verwunschene Traum weckt das Gespür dafür, daß man dem Antlitz nicht entkommen kann. Diese berauschende Flucht ernüchtert den, der ihre Herrschsucht erfährt. Anstatt den Anderen von oben herab zu behandeln oder ihm argwöhnisch zuzuhören, nimmt man ihn auf, und diese Gastlichkeit erfüllt die metaphysische Bedeutung der Liebe.

Natürlich wird man daraus nicht schließen, um weise zu sein, sei es notwendig und hinreichend, sich zu verlieben. Aber wie in der Liebe hat das Denken die Chance, sich einer neuen Wahrheit zu öffnen, wenn man auf den Anderen zugeht; wird der Andere jedoch vereinnahmt, so holt das Denken wieder und wieder seine eigenen Gewißheiten hervor und stellt, Musils Ausdruck zufolge, eine Gefahr für das Leben dar.

* Robert Musil, *Über die Dummheit*, in: *Essays und Reden. Kritik*, Reinbek bei Hamburg 1983, S. 1288

Germana Stefanini

Anfang des Jahres 1983 entführt die römische Sektion der Roten Brigaden die siebenundsechzigjährige Gefangenenwärterin Germana Stefanini. Die Entführer stellen ihr Opfer sofort vor ein Revolutiontribunal. In der Wohnung, in der sie gefangengehalten wird, findet ein Geheimprozeß statt, der damit endet, daß Germana Stefanini zum Tode verurteilt wird, weil sie eine »repressive Funktion« »auf dem Rücken der inhaftierten, kommunistischen Proletarier« ausgeübt hat. Am 27. Januar 1983 wird sie exekutiert.

Die Minuten des Prozesses waren auf eine Kassette aufgenommen worden. Hier ein Auszug:

- Wie bist du als Wärterin nach Rebbibia gekommen?
- Weil ich nicht mehr wußte, wovon ich leben sollte. Mein Vater war gerade gestorben.
- Bist du einem Auswahlverfahren unterzogen worden?
- Nein, ich bin als Behinderte eingestellt worden.
- Was hast du gemacht?
- Ich habe den Häftlingen Pakete ausgeteilt.
- Jetzt hör auf zu heulen! Uns ist das sowieso scheißegal. Ich sag dir noch mal, hör auf, du rührst uns überhaupt nicht.*

1983: Mit dem Terrorismus geht es zuende, die bleierne Zeit ist vorbei, und dieser gemeine Mord demonstriert den Zerfall des »bewaffneten Kampfes« in Italien. Die Brigadisten, die mit der Moro-Affäre den Staat herausgefordert hatten, fallen nun über eine anonyme, alte und kranke Frau her, um ihre in Rebbibia inhaftierten Ge-

* Marcelle Padovani in: Le Nouvel Observateur, 3. 6. 1983

nossen zu rächen. Eine erbärmliche Episode: bleibt nur, daß man sie nicht auf eine Zeitungsnotiz reduzieren kann. Germana Stefaninis Exekution, dieses »logische Verbrechen«,* legt die Wesensart des Terrors offen dar. Man sieht wie die Waffen der Kritik auf die Kritik der Waffen hinauslaufen, wie die Verdächtigung sich zur Dummheit entfaltet und wie diese erbarmungslos kohärente Dummheit die Geschichte der Unmenschlichkeit um den sehr ansehnlichen Beitrag der Moderne bereichert.

»Du rührst uns überhaupt nicht...«: nicht aus Grausamkeit oder Gedankenlosigkeit wie der sanftmütige Abbé Bournisien bleiben die Brigadisten im Angesicht der Verzweiflung kalt, sondern weil sie klar sehen: Sie wissen besser als Germana Stefanini selbst, wer sie ist. Wer sie ist, das heißt ihre Stellung in der Gesellschaft. Sich rühren zu lassen, hätte bedeutet – welch fatale Kurzsichtigkeit –, sie als Einzelperson zu behandeln und ihren Fall aus der geschichtlichen Totalität, die ihm seinen Sinn gibt, herauszulösen. »Hör auf zu heulen«: deine Hysterie nützt nichts, sie kann unsere Aufmerksamkeit nicht von dem System ablenken, das deinem Leben seine wahre Bedeutung verleiht.

Nicht in einem Prozeß, sondern in einem taubstummen Dialog prallen die Terroristen und ihre Angeklagte aufeinander. Bestürzt erklärt Germana ihre Not. Gravitätisch sehen ihre Entführer nur, was für einen Platz sie in der Gesellschaft, gegen die sie sich erheben, einnimmt. Sie ist ein Opfer, das von seinen Unterdrückern als

---

* Albert Camus, *Der Mensch in der Revolte*, Reinbek bei Hamburg 1953

Henker behandelt wird. Wie kommen die Brigadisten dazu, in gutem Glauben eine solch himmelschreiende Realität zu verdrehen? Sie treiben jene Entwicklung, die den Menschen interpretiert und dadurch reduziert, auf den Gipfel: Jeder wird von seiner Funktion aufgesogen und in seine Klasse gezwängt; alle Gesichter verschwinden hinter den Prinzipien, die sie verkörpern. Ein subtilerer Marxismus würde diese Gleichsetzung einer armen Aushilfs-Gefängniswärterin mit einem Soldaten des Kapitals verwerfen. Doch wie dem auch sei: die Verbindung zwischen den jämmerlichen Brigadisten und der großen revolutionären Tradition besteht darin, daß beide die Menschen in ihre gesellschaftliche Identität einsperren.

Von da an ist das Spiel gelaufen: Germana Stefanini mag ruhig die Litanei ihrer Schicksalsschläge herbeten, ihre völlig harmlose Rolle im Gefängnis beschreiben, nichts davon dringt an das Ohr ihrer Richter. In der Welt, in der sie leben, spricht die Sprache nicht, sondern spiegelt wider. Sie ist der stumme Hinweis auf eine Zugehörigkeit. In Germanas Sätzen artikuliert sich die Bourgeoisie. Was haben Sie zu Ihrer Verteidigung zu sagen? wird formalistisch und gewissenhaft eine Angeklagte gefragt, die von vornherein dazu verurteilt ist, immerfort ihr soziales Sein, das heißt ihre Schuld, zu bezeichnen. Die Gerichtssprache wird in einem Zusammenhang verwendet, aus dem die Sprache verschwunden ist, ein Von-Angesicht-zu-Angesicht in Szene gesetzt und zugleich von jeglicher Realität entleert. Das ist das Wesen des Totalitarismus: weniger der Prozeß selbst als vielmehr die gleichsam in Abwesenheit vorgenommene Verurteilung von Personen, die man vor die Schranken des Gerichts zwingt. Eine flüchtige oder nachlässige Lektüre Kafkas hat den Titel eines seiner Romane zum berühmtesten Sinnbild der totalitären Welt gemacht. Doch nicht der Prozeß, nicht die Justiz, nicht einmal die Repression (trotz aller abfälligen Konnotationen, mit denen die 68er Linke diesen Begriff versehen hat) definieren den institutionellen oder geheimen Terror, sondern im Gegenteil die *im Rahmen der Formen vollzogene* Zerstörung von Recht und Gesetz. Die – unfreiwillige – Ironie des Totalitarismus besteht darin, ausgerechnet im feierlichen Dekor des Gerichtes die Gerechtigkeit aufzuheben – etwas, das Kafkas Roman sehr genau beschreibt. Nur wenn man den Witz nicht begriffen hat, kann man den Prozeß als Symbol und Krönung einer umfassenden Kontrolle über die Individuen betrachten. Man hält dann die strafende Gerechtigkeit und die ungerechte Strafe, das heißt – welch grandioser Irrtum – den Totalitarismus und sein Gegenteil für ein und dieselbe Schande. Die Beschuldigten kommen der Aufforderung nach, machen Angaben zu ihrer Person, verteidigen sich oder auch nicht, doch man könnte meinen, trotz ihrer Reden blieben sie stumm und der Prozeß würde in ihrer Abwesenheit abgewickelt: Das hohe Gericht wendet sich nämlich niemals an sie, an die Besonderheit ihres Wesens oder des Tatbestandes, sondern an die Vorstellung, für die sie stehen. Eine menschliche Zeremonie, das Justizritual, wird auf Personen angewendet, die – in ihre Zugehörigkeit oder ihre Rolle eingeschlossen, zu Figuren versteinert, als Statthalter einer unheilvollen Macht oder Akteure eines Dramas, das sich über ihren Köpfen abspielt, behandelt – nicht mehr zur Menschheit gehören. Menschen, die sich in den Stand eines sozialen Affen zurückversetzt sehen, werden von einem Gericht verhört, das nur noch sein eigenes Protokoll ist. Wie könnten sie in der ersten Person sprechen, wie erhört werden, sie, deren Innerlichkeit *überhaupt nicht zählt*, und deren Platz, deren Entgegnungen und deren Funktion in der Geschichte im voraus und ein für allemal festgelegt sind? Sie existieren nicht aus sich selbst, sondern aus einer Totalität, auf die sie keinerlei Einfluß haben. Die gesellschaftliche Ordnung hat sich in ihre Hirne eingegraben, und ihr konkretes Leben besteht darin, ihr Wesen anzunehmen, ihre Rolle wie am Schnürchen abzuspulen. Der Urteilsspruch richtet sich gegen eben diese Rolle, aus der sie, ganz gleich, was sie tun oder sagen, nicht herauskönnen. In der totalitären Welt ist jeder ein potentieller Angeklagter, und keiner ist imstande, etwas zu seiner Verteidigung vorzubringen. Man lädt Menschen vor Gericht, die ontologisch der Möglichkeit beraubt sind, Rede und Antwort zu stehen. Man erteilt – welch eine Ironie – das Wort demjenigen, der seine Sprache von vornherein verloren hat. Die Einhaltung der rechtlichen Formen geht so Hand in Hand mit der Annullierung jeglicher Rechtmäßigkeit.

Die Ermordung Germana Stefaninis bekräftigt nur ein Verschwinden, das bereits stattgefunden hat. Die Roten Brigaden haben jemanden getötet, der nicht existierte, jemanden, den ihre Dummheit bereits aus dem Weg geräumt hatte, indem sie ihm die Sprache genommen, ihn seiner menschlichen Gestalt beraubt haben.

Der entwurzelte Venezianer

Als am 13. Januar 1898 in einer Tageszeitung Zolas berühmte Kampfschrift *Ich klage an* veröffentlicht wird, ist Barrès, der bedeutendste Theoretiker der Dreyfus-Gegner nicht sonderlich bewegt. »Was ist dieser Herr Zola? Ich schaue mir an, wo seine Wurzeln liegen: dieser Mann ist kein Franzose.«* Die Aufrichtigkeit des Autors der *Rougon-Macquart* steht außer Zweifel. »Aber zu dieser Aufrichtigkeit sage ich: zwischen Ihnen und mir verläuft eine Grenze. Was für eine Grenze? Die Alpen. Emile Zola denkt ganz selbstverständlich als entwurzelter Venezianer.«** Auf die Beweise von Dreyfus' Unschuld, auf die Liste der Vergehen des Generalstabs während und nach dem Prozeß geht Barrès nicht ein. Verlegenheit? Die Argumentation seines Gegners verwirrt Barrès ebensowenig wie Germana Stefaninis Schluchzen ihre Richter erschüttert: die Hilfswärterin im Gefängnis von Rebbibia dachte und sprach ganz selbstverständlich als Wachhündin des Kapitals. Und Zola mag wettern soviel er will, mit unerbittlicher Logik die Unstimmigkeiten der Anklage enthüllen und anprangern, alle Mittel der Intelligenz und des Stils in den Dienst seiner Sache stellen, er verweist immer nur auf den Ort, von dem aus er spricht, auf jene anti-französische Haltung mit ihren vielen verschiedenen Gesichtern, die die Grundlage der Nation gefährdet.

Gewiß bestehen viele und spektakuläre Gegensätze

---

* Zitiert nach Jean-Denis Bredin, *L'Affaire*, Paris 1983, S. 235
** Ebd.

zwischen dem Propheten des Faschismus und den verspäteten Revolutionären. Barrès verankert das Individuum in seinem Heimatboden, die Brigadisten in seiner Klasse. Ersterer feiert unter der Bezeichnung Verwurzelung den Determinismus, der die Menschheit unter sein Gesetz beugt: Die Vergangenheit hat ausschlaggebendes Gewicht für das gegenwärtige Leben jedes einzelnen; niemand entkommt seinen ererbten Trieben, dem unweigerlichen Schicksal seiner Abstammung – und der Nationalismus ist die begeisterte Anerkennung dieses Sklaventums. »Das Individuum versinkt in einem wahren Rausch, wenn es sich in der Familie, der Rasse, der Nation wiederfindet.«* Und die Geheimboten einer strahlenden Zukunft beklagen unter der Bezeichnung Konditionierung oder Entfremdung die Zersplitterung der Menschheit in entgegengesetzte gesellschaftliche Kräfte. Wenn der Kommunismus auf den Untergang der Klassen und das Ende der Vereinzelung hinarbeitet, so ist er nichts anderes als eine Verheißung der Einheit. Barrès steht schon dem Begriff des Menschen feindlich gegenüber, während die Brigadisten seine Verbreitung wünschen. Einziger Punkt, in dem diese beiden Philosophien übereinstimmen: die Autonomie des Menschen ist heute eine Fiktion; der Mensch ist nicht frei, sondern verstrickt, beherrscht, erdgebunden. Ob Heimat oder Geschichte, eine Totalität umschließt ihn und schreibt ihm sein Verhalten vor.

Wird die Welt vom Licht der Vernunft regiert oder von

---

* Maurice Barrès, *La terre et les morts*, zitiert nach Raoul Girardet, *Le nationalisme français*, Paris 1983, S. 187

der dunklen Macht des Irrationalen, von der geheimnisvollen Gegenwart der Ahnen in der Seele der Lebenden? Ergreift der Instinkt die Menschen oder sind sie dem unpersönlichen Werden einer vernünftigen Geschichte unterworfen? Doch darauf kommt es eigentlich gar nicht an. Für beide Denkweisen entzieht sich nämlich das, was im Leben am Werk ist, dem Bewußtsein der Einzelsubjekte. Das Individuum wird zum Instrument erniedrigt, zum Werkzeug eines Schicksals, das ihm unbegreiflich ist und das es, ohne es zu wissen, erfüllt. Dieses Schicksal heißt hier Vernunft und dort Rasse: hier wie dort ist die Vernunft also nicht länger ein menschliches Attribut: sie wird geleugnet oder auf die Geschichte übertragen, aber in jedem Fall den Menschen vorenthalten. »Wir sind nicht Herr der Gedanken, die in uns entstehen (. . .) Dem Milieu entsprechend, in das wir gestoßen werden, bilden wir Urteile und Überlegungen.«*

Als vernunftbegabtes Wesen aufgefaßt ist der Mensch souverän; als psychisches Subjekt aufgefaßt ist er untertan: Oben haben wir gesehen, daß die Moderne sich durch diesen Widerspruch zwischen der Freiheit des Geistes und der Entfremdung des Bewußtseins auszeichnet. Die totalitären Denkweisen lösen das Problem schlicht und einfach durch Widerrufung und Verwerfung der individuellen Vernunft. Sie sprechen dem Subjekt jegliche Unabhängigkeit und vor allem die Macht ab, sich vermöge des Cogito von seiner eigenen Geschichte lösen zu können. Nichts in ihm, keine Fähigkeit, kein Prinzip verhindert, daß er völlig historisiert

* Ebd., S. 186

III

wird und daß sein Sein sich auf eine Abfolge sozialer Verhaltensweisen oder auf die unbewußten Direktiven seines Bodens und seiner Toten beschränkt. Die individuelle Vernunft geht in der Psyche auf, und die Psyche wiederum wird von der Gesellschaft, dem Stamm oder der Geschichte verschlungen. Kurz, in der Sprache gibt es keinen Logos mehr, und die Bedeutung einer Äußerung liegt nicht in dem, was sie sagt, sondern in dem Ort, von dem aus sie vorgebracht wird: die – domestizierten – Wörter bringen nur noch ihre Herkunft zum Ausdruck. Von wo aus sprichst du? ist die totalitäre Frage par excellence. Von wo aus sprichst du? das heißt, wer, wenn du glaubst, dich zu artikulieren, spricht in dir?

Antlitz und wahres Gesicht

Germana gegenüber ihren Richtern und Zola für seine Gegner sind ein wenig wie die Bäume, von deren ergreifender und vergeblicher Bemühung, die Sprache zu erlangen, Francis Ponge im »Zyklus der Jahreszeiten« erzählt.

Müde vom Insichgehn während des Winters, gefallen die Bäume sich plötzlich in dem Glauben, sie seien hintergangen worden. Sie können's nicht länger aushalten: sie lassen ihre Worte los, ein Gewoge, ein Erbrechen von Grün. Sie möchten ganz und gar aufgehen in einem Laubwerk von Worten. Um so schlimmer! Das wird sich schon irgendwie ordnen! Aber in Wirklichkeit wird geordnet! Keinerlei Freiheit bei der Belaubung ... Sie treiben, so wenigstens glauben sie, irgendwelche Worte hervor, treiben Stiele, um daran auch noch Worte auf-

zuhängen: unsere Stämme, denken sie, werden schon die Verantwortung für alles übernehmen. Sie wollen sich mit aller
Macht verstecken, wollen ineinander verschmelzen. Sie glauben, daß sie alles sagen können, daß sie die Welt völlig mit
mannigfaltigen Worten zudecken können: sie sagen einfach
›Bäume‹.*

Zola will überzeugen: während er argumentiert, verfällt
er der Illusion, er kämpfe für die Wahrheit und halte eine
sachlich richtige und logisch einwandfreie Rede. In
Wirklichkeit, sagt Barrès, tut er nichts anderes, als seine
Abstammung gegenzuzeichnen und die lokale Gottheit
sprechen zu lassen, die schon bei seiner Geburt Besitz
von ihm ergriffen hat. Germana würde gerne mit ihren
Tränen und ihrer Bestürzung das Mißverständnis ihrer
Entführung und des darauf folgenden Prozesses aus der
Welt schaffen. Sie sagt lediglich: das Kapital. »Man
entgeht den Bäumen nicht mit Baummitteln«**: man
entgeht seiner ethnischen oder sozialen Zugehörigkeit
nicht durch Worte oder Gesten, die immer nur ein unver-
meidlicher Pleonasmus sind.

Ponge entwirft das schöne Phantasiebild einer Welt, in
der die Bäume sich alle Mühe geben zu sprechen, aber
nicht dazu in der Lage sind. In der totalitären Welt
glauben umgekehrt die Menschen frei zu sprechen und
können doch nur ihre Blätter entfalten.

Immer das gleiche Blatt, immer die gleiche Art der Entfaltung
und die gleiche Begrenzung, immerfort sich selbst symme-

* Francis Ponge, Im Namen der Dinge, in: Lyren, Frankfurt/Main
  1965, S. 49
** Ebd., S. 51

trische Blätter, symmetrisch aufgehängt! Versuch doch noch
ein Blatt! – Dasselbe! Noch eins! Dasselbe!*

Animal loquax – das geschwätzige Tier: Die Sprache ist
das charakteristische Merkmal des Menschen. Gewiß –
verbessern die Brigadisten und die Dreyfus-Gegner –,
aber der Mensch selbst ist ein Trugbild: Die Sprache ist
das charakteristische Merkmal eines Gewächses, das
sich für den Menschen hält, eines Baumes, der sich
Illusionen macht und sich eben durch sein Geschwätz
verrät: denn im Reden wächst man nicht über sich hinaus – man kennzeichnet sich; man hebt niemals ab, steigt
nicht in den Himmel der Ideen auf, man zeigt seine
Wurzeln vor.

Ein Mensch, sagt Ihr? »Was für ein Mensch?« fragt
Barrès sofort. »Wo wohnt er? In welcher Zeit lebt er?«
Menschen haben immer einen festen Platz, und Worte
dienen nur als Hinweise.

Totalitär kann man also ein Denken nennen, das auch
die abstraktesten Äußerungen festlegt, um sie einzugren-
zen. Das im Sprechen nur den Sprecher hört. Das das
Individuum auf das Kollektiv, in dem es lebt, zurück-
schraubt. Das *im Namen der Wahrheit* »das fluide Treiben unklarer, halb ausgegorener Verwandlungen, deren
wandelbarer Ausdruck jedes natürliche menschliche
Antlitz ist«,** anhält. Das, in einem Wort, hinter jedem
Antlitz das wahre (ethnische oder historische) Gesicht
sieht, wobei das Antlitz in seiner Einzigartigkeit, in sei-

* Ebd.
** Elias Canetti, *Masse und Macht*, München 1976, S. 113

114

ner unfaßbaren Wandelbarkeit zugleich Maske und Verrat ist.

Weisheit der Liebe: Begegnung mit dem Antlitz; totalitäre Dummheit: Enthüllung des wahren Gesichts. Das Antlitz spricht; das wahre Gesicht verrät sich; das Antlitz drückt sich aus, »löst fortwährend die Form auf, die es darbietet«; das wahre Gesicht läßt seine Maske fallen, in seinen Lügen und in seinen Bekenntnissen, in seiner Ehrlichkeit wie in seiner Hochstapelei; mit seiner Begabung, das Gesagte ständig zu widerrufen, mit Worten auf die Worte zurückzukommen, springt das Antlitz von bereits erfolgten Äußerungen wieder ab; das wahre Gesicht hebt von vornherein jede Möglichkeit des Absprungs auf, denn es ist der Wurm in der Frucht, ein tief in der Leugnung verborgenes, immerwährendes Geständnis. Das Antlitz ist an seiner Manifestation beteiligt, und das bedeutet, daß es ihr entschlüpft, indem es sie korrigiert, modifiziert und ihr immer wieder Hilfe leistet. Das wahre Gesicht kann umgekehrt sein Bild nur bestätigen, nie ihm zu Hilfe eilen. Im ersten Fall setzt das Wort jede definitive Klassifizierung außer Kraft. Im zweiten macht das als Geständnis betrachtete Wort es möglich, den Anderen in eine Kategorie einzuordnen. Wie man sieht, ist das wahre Gesicht also nicht die Wahrheit des Gesichts, sondern schlichtweg seine Verneinung. Entweder hat der Andere die Macht, das, was ich in seiner Seele entdecke, zu dementieren, oder er kann nur ungewollt das Geheimnis, das ihn in Besitz hat, offenbaren. Entweder ist er vor allem mir fremd, oder er ist vor allem sich selbst fremd, und dann bin ich Herr über seine Wahrheit. Das wahre Gesicht: ein beherrsch-

tes Gesicht, ein versteinertes Gesicht mit einem Maul-
korb, das noch im Augenblick des Sprechens zu schweigen scheint.

Viertes Kapitel

Entzauberung der Welt

Humanismus und Terror

Man ist versucht, der totalitären Gewalt die Nachsicht des Humanismus gegenüberzustellen. Denn im einen Fall ist der seiner Zugehörigkeit schuldige Mensch nicht einmal in der Lage, auf die Anklagen zu antworten, die gegen ihn erhoben werden; im anderen Fall wird der Mensch von seinen Schandtaten entlastet, weil die Umstände ihn genötigt haben, schlecht zu handeln. Während der totalitäre Begriff des *objektiven Verbrechens* es erlaubt, die Individuen für etwas zu verurteilen, das sie nicht getan haben, entschuldigt das humanistische Plädoyer die *tatsächlichen Verbrechen* dadurch, daß es sie auf das Konto der Geschichte oder der Gesellschaft bucht. Doch beide Auffassungen der menschlichen Natur teilen die Vorstellung, das Böse sei einer unzulänglichen gesellschaftlichen Organisation zuzuschreiben. Die Welt, so wie sie ist, steht mit dem Menschen, so wie er sein könnte, in einem permanenten Konflikt, aus dem alle Laster und alle Leiden entstehen, die die Menschheit niederdrücken. Die Schuld wird also vom Individuum auf das System übertragen und eine Zeit – ein Goldenes Zeitalter – in Aussicht gestellt, in der mit dem Untergang der schlechten Gesellschaftsordnung das Böse abgeschafft sein wird und die Menschen endlich sie selbst sein können.

Von diesem, dem Humanismus und dem Terror gemeinsamen Standpunkt aus betrachtet sind die Ewiggestrigen, die dabei bleiben, dem Individuum Vergehen oder Fehlschläge anzulasten, die sich nur aus der Tyrannei der Gesellschaftsordnung erklären, ein Spielball des

äußeren Scheins und eines reaktionären Geistes. Sie können nicht von der Wirkung auf die Ursache zurückschlie-
ßen, oder vom Symptom auf die Krankheit. Sie halten ein
gesellschaftliches Problem für eine Naturgegebenheit,
und sind somit gezwungen, den Skandal fortzuschreiben,
weil es in ihren Augen keine Lösung für ihn gibt. In einem
Wort, sie sind kurzsichtig und menschenfeindlich. Edelmut und Tiefe, Hoffnung und Scharfblick vereinigen sich
dagegen in dem intellektuellen Akt, der den bedingten
Menschen vom wirklichen Menschen und das entfrem-
dete Begehren vom befreiten Begehren trennt, der Rück-
schläge und Grausamkeit im Leben immer nur äußeren,
den Menschen, das Begehren und das Leben beherrschen-
den Kräften zuschreibt. Gut und frei geboren, sind wir
geschaffen für die Freude oder das Gute; Verderbtheit
und Frustration in uns sind der Stempel repressiver
Mächte, die Spur der sozialen Ungerechtigkeit.

Den Menschen in das Böse, das er tut oder ertragen
muß, nicht zu verwickeln – diese strahlende Vorstellung
veranlaßt den Humanismus wie den Terror, zu interpretieren statt zuzuhören, hinter der scheinbaren Freiheit
die schleichende Konditionierung zu entdecken, das Individuum in der Totalität versinken zu lassen und seine
Worte auf etwas zu reduzieren, das sie nicht gewollt
haben. In dir ist die Gesellschaft schuldig, also bist du
unschuldig: so könnte man das Credo des modernen
Humanismus zusammenfassen*; in dir ist die Gesell-

* »Journalistische« Variante dieser Philosophie: in dir drückt sich die
Gesellschaft aus, also ist alles, was du sagst *interessant*. Die auf-
lagenstarke französische Tageszeitung *Libération* wurde gerichtlich
belangt, weil sie während der israelischen Belagerung von Beirut

schaft schuldig, also mußt du verschwinden: das ist das Grundprinzip des totalitären Denkens. Als Opfer oder als Ausgeburt des Systems behandelt, sind die Menschen nicht länger verantwortlich, sondern besessen. Mehr noch: das absolute Wohlwollen nimmt der totalen Gewalt alle Skrupel, indem es sie lehrt, in den lebenden Personen nur das zu sehen, was diese konditioniert, nur die Ordnung, von der sie verschlungen werden. Zur Ehre des Menschen an sich enthebt man das Individuum der Verantwortung für seine Taten und sogar der Materialität seiner Existenz; man zeigt, daß es seine Bedeutung einer historischen und somit widerrufbaren Totalität entlehnt; man löst sein Antlitz in dem Zusammenhang, in dem es steht, auf; man reduziert es auf den Träger einer Macht, gegen die der Terrorismus auf seine vorschnelle Art und Weise kämpft.

Der Terror? Ein übereilter Humanismus. Es geht ihm darum, die Ankunft der Zivilisation auf Erden zu beschleunigen, indem er die Repräsentanten der alten Ge-

unter ihren Leserbriefen einen Aufruf zur Ermordung der französischen Juden veröffentlichte. Viele Kollegen waren über die Einschaltung der Justiz empört: Ist diese Woge des Hasses nicht *symptomatisch*? lautete ihre hauptsächliche Frage. Ist sie nicht von unschätzbarem *dokumentarischen* Wert? Soll man die Augen vor der sozialen Gewalt verschließen und noch dazu die archaische Gewalt des Gesetzes anrufen? Der Aufruf zum Mord offenbart einen bestimmten Stand der Dinge und das genügt, um seine Veröffentlichung zu rechtfertigen. Gerade weil alles aufschlußreich ist, muß alles erlaubt sein, gerade weil kein Wort frei ist, dürfen der Meinungsfreiheit keine Grenzen auferlegt werden. Im Namen der Freiheit wirft man der Justiz vor, sie halte die Menschen immer noch für frei genug, um das, was sie sagen, verantworten zu können.

sellschaft liquidiert.* Doch nicht auf das Wesen aus Fleisch und Blut hat man es abgesehen, sondern auf die Bourgeoisie oder den Kapitalismus, das heißt auf das System, das es beherrscht und das es manipuliert. Das Töten wird zu einem Geburtsakt, der Mensch zu einem abstrakten Gebilde (dem wahren Gesicht) – diese zweifache Sublimation löscht beim Morden sogar das Bewußtsein, ein Verbrechen zu begehen.

Ein radikaler Atheismus

Die Verantwortung zu denken in einer Zeit, in der eine begeisterte Anteilnahme und die Weigerung, sich etwas vormachen zu lassen, in ein Plädoyer für die Nicht-Verantwortlichkeit des Menschen münden; den einzelnen eher durch seine Resistenz gegen die Konditionierung zu definieren als ihn von aller Schuld reinzuwaschen und an eine Determination zu ketten, von der er nichts weiß; ihn der Totalität zu entziehen, anstatt ihn darin aufgehen zu lassen und ihm Absolution zu erteilen; entgegen der wohlwollenden Entmystifizierung, die in jedem menschlichen Leben »ein Mitwirken an

---

* »Männer wie Saint-Just und Robespierre hatten eine bestimmte Vorstellung einer unmittelbar bevorstehenden Ankunft der Gerechtigkeit auf Erden. Sie glaubten, diesem Ideal ganz nahe zu sein. Sie bildeten sich ein, nur einige Köpfe, die sich ihnen in den Weg stellten, trennten sie noch davon. Und was sind im Vergleich zu einem so nahen, unendlichen Guten schon ein paar Köpfe, die sich frech gegen das Menschengeschlecht erheben? Nichts.« Edgar Quinet, *La Révolution*, Paris, Bd. II, S. 130

geheimnisvollen Plänen, die man darstellt oder ahnen läßt«*, aufdeckt, zu behaupten, der Mensch habe ein eigenes Schicksal; ihm wieder die Macht zu verleihen, sich aus seinem Kontext loszureißen, mit dem System, das ihm seinen Platz im Sein zuweist, zu brechen; mit einem Wort, ethisches Nachdenken statt einer Ent-Schuldigung des Menschen, die heute als Humanismus herhalten muß: all dies macht zweifellos einen großen Teil der Originalität von Emmanuel Lévinas' Philosophie aus. Mit seiner Aussage, das Subjekt existiere – auch als Teil eines Ganzen – losgelöst und aus sich selbst heraus, stellt Lévinas sich nämlich quer zu dem, was die Moderne unter Moral und Scharfblick versteht. Eine wertvolle Diskrepanz, denn sie erlaubt uns, an die tota-litäre Erfahrung mit einer anderen als ihrer eigenen Sprache heranzugehen, ihr etwas anderes entgegenzuset-zen als ihre eigenen Werkzeuge oder ihre eigenen Werte.

Mit dieser anderen Sprache, die Lévinas' Aktualität ausmacht, findet zugleich ein uraltes Element Eingang in seine Philosophie. Es sieht so aus, als ob der Autor von *Totalität und Unendlichkeit* seinerseits, hier und jetzt und in der Philosophie jene Entzauberung der Welt be-treibt, die die jüdische Weisheit mit der Verwerfung der Götzenkulte verfolgt. Das ist der tiefere Sinn der Offen-barung im Judentum, *Gott spricht zum Menschen, an-statt in ihm zu sprechen.* Gott erhebt den Menschen zu seinem Gesprächspartner und wendet sich an ihn wie ein Meister an seinen Schüler, um ihm das zu bringen, was er noch nicht weiß und zu dem er nicht aus sich selbst

---

* Emmanuel Lévinas, *Totalité et infini*, a.a.O., S. 52

heraus gelangen kann. Der Kern der jüdischen Botschaft ist also nicht das Thema des einen Gottes, sondern der Abstand zwischen Gott und den Menschen. Die Bibel führt die *Trennung* ein und setzt sie gegen die Vorstellung der *Kommunion*, gegen das Einssein von Mensch und Göttlichem, in dem manche noch das Wesen des religiösen Lebens sehen: »Zu seinem Ruhm als moralischer Gott und zum Ruhm des mündigen Menschen ist Gott machtlos.«[*] Feind dieser Religion ist weniger der Unglaube als vielmehr Trance, Verzückung oder Besessenheit, all die Formen religiöser Spiritualität, die Gott nur preisen können, indem sie dem Menschen die Würde eines sprechenden Subjektes und eines verantwortlichen Wesens streitig machen.

Das Numinose und das Heilige umhüllen den Menschen und tragen ihn über sein Können und sein Wollen hinaus. Aber eine echte Freiheit nimmt einen solch unkontrollierbaren Überfluß übel. Das Numinose hebt die Beziehungen zwischen den Personen auf, indem es die Menschen - wenn auch in der Ekstase – an einem Drama beteiligt, das diese Menschen nicht gewollt haben, an einer Ordnung, in der sie versinken. Diese in gewisser Weise sakramentale Macht des Göttlichen kommt dem Judentum wie eine Verletzung der menschlichen Freiheit vor, wie ein Verstoß gegen die Erziehung des Menschen, die nur als Einwirken auf ein freies Wesen verstanden werden kann. Nicht, daß die Freiheit Selbstzweck wäre. Aber sie bleibt die Voraussetzung für alle Werte, die der Mensch erreichen kann. Das Heilige, das mich umhüllt und mich fortträgt, ist Gewalt.[**]

[*] Emmanuel Lévinas, *Difficile Liberté*, a.a.O., S. 79
[**] Emmanuel Lévinas, *Difficile Liberté*, a.a.O., S. 31

Das Judentum ist eine paradoxe Religion, es entzaubert und entheiligt die Welt: Gott wohnt nicht mehr in den Wesen oder in den Dingen, um sie zu verklären. Er hat die Erde und die greifbaren Wohnorte, die fleischlichen Hüllen verlassen, in denen das Heidentum ihn unterbringen wollte. Die Absage an den Götzendienst bedeutet gerade, die Verquickungen zu bekämpfen, die Ordnungen voneinander zu trennen, das Göttliche erst zu preisen, wenn man seine Gegenwart »im Zauber des Mythos und der Verzückung«* geleugnet hat, kurz: *den Menschen von Gott zu befreien*. Wenn das Judentum die Besessenheit (Gott spricht im Menschen) durch die Offenbarung (Gott spricht zum Menschen) ersetzt, läßt es den Atheismus in das geistige Leben ein.

Rigoros die menschliche Unabhängigkeit und ihre verständige Gegenwart in einer verständlichen Wirklichkeit zu verteidigen, den numinosen Begriff des Heiligen zu zerstören – das bringt die Gefahr des Atheismus mit sich. Doch dieser Gefahr muß man sich stellen. Nur durch sie gelangt der Mensch zu einer spirituellen Vorstellung des Transzendenten. (. . .) Zu seinem großen Ruhme hat Gott ein Wesen erschaffen, das fähig ist, ihn zu suchen oder von weitem zu hören, von der Trennung aus, vom Atheismus aus.**

Vom Atheismus aus: das Judentum behauptet natürlich nicht, daß Gott nicht existiert, sondern daß der Mensch außerhalb von Gott existiert; das mit eigener Initiative ausgestattete Geschöpf ist von seinem Schöpfer losgelöst. Es kann die Transzendenz vergessen, sich dem gött-

* Ebd., S. 29
** Ebd.

lichen Wort verschließen. Um es noch drastischer zu sagen: durch die Offenbarung vertraut Gott sein Schicksal dem Menschen an. Auf eigene Gefahr: »Wenn Ihr von mir Zeugnis ablegt, dann werde ich Gott sein, sonst nicht – das sind die Worte, die die Kabbala dem Gott der Liebe in den Mund legt.«* Nicht nur ist der Mensch von Gott frei, sondern sogar die Manifestation des Allerhöchsten hängt vom Menschen ab. Jedes menschliche Vergehen, heißt es in einem andereren Text der jüdischen Mystik, drängt die Gegenwart Gottes einen Schritt zurück. Und wer protestiert in der Bibel als erster gegen diese ungeheure Macht? Kain, wenn er – nachdem er Abel erschlagen hat – ausruft: »Bin ich denn der Hüter meines Bruders?«** Mit diesen Worten, so lehrt uns die talmudische Exegese, beteuert Kain, ein durchtriebener Angeklagter, seinen Gehorsam: »Der Hüter meines Bruders, das bin nicht ich, sagt er, das bist Du, Du, unser beider Vater, der du mich mit der schlechten Veranlagung bedacht hast, und der du meine verbrecherische Tat nicht, wie du es gekonnt hättest, unterbunden hast.« Fazit: Gott kann nur Seinem Willen oder Seiner Unachtsamkeit die Schuld für Kains Verbrechen zuschreiben; Er ist der eigentliche Mörder.

Um dem Urteil zu entgehen, erkennt Kain die Trennung nicht an. Um sich seines Vergehens besser entledigen zu können, läßt er das Menschliche im Göttlichen aufgehen und spricht dem Ewigen eine absolute Macht über die Welt zu. Der erste Mörder der Geschichte flieht

* Franz Rosenzweig, *Der Stern der Erlösung*, Heidelberg 1954
** *Genesis* 4,9

vor dem Atheismus seiner Conditio in eine Religion, die den Menschen freispricht, indem sie ihn Gott überantwortet. Kain tritt also als Erfinder sowohl des Verbrechens als auch der Mythologie auf. Durch ihn prangert die Bibel nicht nur die mörderische Gewalt an, sondern die im Menschen immer gegenwärtige Versuchung, sich auf den Allmächtigen zu verlassen und Zuflucht zur Religion zu nehmen, um die Bürde der eigenen Existenz zu verringern.

Eben diese Versuchung, eben diese Religion bekämpft Lévinas in der Philosophie, wenn er die Psyche als eine jedem einzelnen gegebene Macht definiert, das Band seiner Zugehörigkeit zu zerreißen. Gegen den Strom des modernen, weitgehend Kains Logik verpflichteten Denkens rehabilitiert er die Innerlichkeit des Menschen und die Unmöglichkeit, ihn auf die Kräfte zu reduzieren, die über ihn gebieten. »Die Dimension der Psyche zeigt sich in der Widerstandskraft, die ein Mensch seiner Vereinnahmung entgegensetzt, die Psyche ist radikale Trennung.«* Anders gesagt, die Seele ist nicht der Bereich im Subjekt, der diesem prinzipiell verborgen ist, sondern im Gegenteil sein An-sich-sein, die Möglichkeit, sich der Gesellschaft oder der Geschichte zu entreißen. Diese Selbständigkeit, die es dem Subjekt erlaubt, zu sprechen ohne sogleich die Totalität, aus der es hervorgeht, zu bezeugen, und die es befähigt zu denken, das heißt sich einer außerhalb seiner selbst liegenden Wahrheit zu öffnen, diese Selbständigkeit bezeichnet Lévinas ebenfalls als Atheismus: »Diese Trennung, die so vollkommen ist, daß das getrennte Wesen sich ganz allein in der Existenz

* Emmanuel Lévinas, *Totalité et infini*, a.a.O., S. 24

hält, ohne an dem Sein, von dem es getrennt ist, teilzu-
haben, kann man Atheismus nennen.«*

Sich ganz allein in der Existenz halten: genau das
verweigern weite Teile der modernen Reflexion dem
Menschen aus der Sorge um Durchblick und um Menschlichkeit. Für dieses Denken ist es klar, daß der Mensch,
ein Scheinerwachsener, unter Einfluß lebt: gewiß, er ist
von der religiösen Bevormundung befreit, aber nur, um in
ein Schicksal verwickelt zu werden, auf das er keinen Einfluß hat, nur um in einem Drama mitzuspielen, das er
nicht kennt. Der moderne Mensch ist kein Atheist, sondern besessen. Er ist nicht der Hüter seines Bruders,
sondern das Ergebnis seines Milieus oder das Opfer
seiner Triebe. Wenn Gott ihm keine Befehle mehr erteilt,
so ist deswegen an die Stelle der himmlischen Autorität
noch lange nicht menschliche Unabhängigkeit getreten,
sondern das Heilige: die Tatsache, daß die Menschen
Teil einer Ordnung sind, in der sie versinken.

Zauberei, das ist die moderne Welt: nichts ist mit sich selbst
identisch, nichts wird gesagt, denn kein Wort hat seinen eigenen Sinn; jede Äußerung ist ein magischer Hauch; keiner hört
zu, was man sagt; jeder vermutet hinter den Worten etwas
Unausgesprochenes, eine Konditionierung, eine Ideologie.**

* Ebd., S. 29
** Emmanuel Lévinas, *Du sacré au saint. Cinq nouvelles lectures
talmudiques*, Paris 1977, S. 108. Diese Disqualifizierung der Sprache zugunsten des verborgenen Diskurses, der ohne Wissen des
Sprechers in ihr mitschwingt, führt zu dem, was Michel Foucault
einen der Hauptwidersprüche unseres moralischen Lebens nennt:
»Alles, was schließlich als Wahrheit des Menschen formuliert wird,
gehört auf das Konto der Nicht-Verantwortlichkeit.« *Wahnsinn
und Gesellschaft*, Frankfurt/Main 1969

Als jüdischer Philosoph will Lévinas nicht die Ordnung des Jenseits oder den Trost einer zukünftigen Welt einem Denken in Erinnerung rufen, das verkündet: »Gott ist tot«, und das nicht recht weiß, ob es sich über diese Neuigkeit freuen oder daran verzweifeln soll. Nicht den Glauben möchte er wieder in die Modernität einführen, sondern den Atheismus. Sein Ziel ist nicht, dem Heiligen, unter dessen Abwesenheit unsere Zeit in der Krise angeblich leidet, zu neuen Ehren zu verhelfen; sein Ziel ist vielmehr, die Welt zu entheiligen, Kains Diskurs abzusetzen, um der Sprache wieder das Wort zu erteilen und dem Menschen seine Autonomie zurückzugeben.

Eine Möglichkeit des Judentums

»Gott spricht, und der Mensch spricht mit ihm. Das ist die große Tat Israels.«* In unserer Welt ohne Gott hat diese Tat weiterhin die ganze Macht eines Sakrilegs. Denn unter dem Mantel der Säkularisierung und der militanten Gottlosigkeit ist das Heilige in das moderne Denken eingedrungen. Wenn der Himmel künftig leer ist, so steckt nun der Mensch selbst voller okkulter Kräfte oder fremder Mächte. Er existiert nicht unabhängig, und nur in völliger Verkennung der Lage kann er sich als distinkte Wirklichkeit setzen. Die Attribute, die ihn zu dem machen, was er ist, bezieht er von anderswoher: tatsächlich definiert er sich durch seine Situation, durch seine Einschreibung in ein System, durch seine

* Maurice Blanchot, *L'entretien infini*, Paris 1969, S. 187

129

Teilhabe an einer Totalität. Der Mensch der Moderne ist verhext, das heißt noch in seiner Geschwätzigkeit leidet er an Sprachverlust. In ihm spricht nur der herrische und unbekannte Gast – der Gott –, der von seiner Seele Besitz ergriffen hat. »Nichts wird gesagt«: Das Wort ist nicht frei; es kann keinen Anfang mehr machen, nicht mehr schneiden, antworten oder belehren – es bestätigt nur noch die unerbittliche Logik, von der es untergründig gelenkt wird. »Die heiligen Haine zerstören – wir begreifen nun die Reinheit dieses angeblichen Vandalismus.«*
Denn es geht darum, dem Menschen die Macht zu handeln und die Macht zu sprechen zurückzugeben, statt ihn mit unfreiwilliger Fügsamkeit sein vorgezeichnetes Schicksal erfüllen oder widerspiegeln zu lassen.

Der Gegensatz zwischen dem Atheismus des jüdischen Denkens und einer Modernität, die dem religiösen Dogmatismus nur abgeschworen hat, um dem Zauber des Heiligen zu erliegen, ist paradox und schön. Wir würden es also gerne dabei belassen. Doch der unendlich ferne und absolut fremde Gott des Judentums hält sich nicht immer zurück und überbrückt zuweilen den Abgrund, der ihn von den Menschen trennt. Der Gott, der spricht, ist auch ein Gott, der eingreift. Dieser Gott, der ein Wesen erschaffen hat, das fähig ist, sowohl Zeugnis von ihm abzulegen als auch sich von ihm zu befreien, unterwirft diese Freiheit manchmal den Absichten, die ihm sein Erbarmen, sein Zorn oder seine Weisheit eingeben. Anders gesagt, die Idee der Vorsehung ist dem Judentum nicht fremd, auch wenn die jüdische Spiritua-

---

* Emmanuel Lévinas, *Difficile Liberté*, a.a.O., S. 301

lität erklärtermaßen eine Abneigung gegen alle Kräfte hegt, die – allen Bemühungen, im Menschen selbst die Gründe seines Handelns zu verankern, zum Trotz – die sich selbst gegenwärtige Seele beeinträchtigen oder gefährden könnten. Wenn es also eine Vorsehung gibt, dann ist es gerechtfertigt und sogar erforderlich, ihrer Spur oder ihren Beschlüssen in den großen historischen Ereignissen wie in den geringsten menschlichen Gesten nachzugehen. Ein Wille hat die Fäden in der Hand und bestimmt die Spielregeln. *Eine* Idee umfaßt und bestimmt die menschliche Vielfalt. Zu der eigentlichen Bedeutung jeder Tat kommt der Sinn hinzu, den ihr der göttliche Plan verleiht. Die Vorsehung macht aus dem Menschen ein Spielzeug, kettet ihn an Gott, entwendet ihm seine Handlungen, indem sie sie in einen Gesamtplan einschreibt.

Das Heilige, das umhüllt und fortträgt, ist Gewalt: sie abzulehnen, bedeutet auch, mit der Lektüre der Bibel, die sich auf diese Gewalt eingelassen hat, Schluß zu machen. Man kann nicht den Menschen von Gott trennen, ihn aus seinem Zustand der Unmündigkeit herausholen und zur Würde eines verantwortlichen Wesens erheben wollen, ohne das Bild des Allerhöchsten als Vormund sowie die darin enthaltene Idee der Vorsehung aufzukündigen. Man muß den Gegensatz also differenzieren und der Versuchung widerstehen zu sagen: »Das Judentum ist . . .«, als ob die Tradition Israels nur eine einzige Stimme besäße und sich in einer einzigen Definition zusammenfassen ließe. Zwei Formen der Beziehung zum Göttlichen bestehen im Judentum nebeneinander: die Religion des Allmächtigen und die Religion des Un-

endlichen. Entweder hat Gott alle Attribute des Vaters, und das Verhältnis zu Ihm ist – ungeachtet seines zeitweiligen Verschwindens – Anerkennung seines Seins, Furcht vor seiner Macht, Glaube an seinen Schutz. Oder vom Vater bleibt nur der Schöpfer, der den Menschen außerhalb seiner selbst existieren läßt, und alle anderen Vorstellungen von Gott verblassen zugunsten der nicht vorstellbaren Idee des Transzendenten: der, den keine Definition festhalten oder eingrenzen könnte, der, den man nicht nennen kann, denn ihm einen Namen zu geben, würde bedeuten, dem Bilderverbot zum Trotz etwas auszufüllen, das leer bleiben sollte, etwas heranzuholen, das entfernt bleiben sollte, und das Ganz-Andere zu nichts als einem phantastischen Spiegelbild unserer eigenen Wirklichkeit zu erniedrigen. Ein ganzer Teil der jüdischen Tradition sträubt sich dagegen, von dem Höchsten Wesen zu sprechen, weil dieser scheinbar superlativische Ausdruck von Grund auf abwertend ist und das Absolute, das heißt das Uneinnehmbare, verschenkt und dem universalen Gesetz des Seins unterwirft. »Sooft du etwas ihm (Gott) Hinzugefügtes bejahend aussagst, wirst du ein Phantast und entfernst dich um so mehr von der Erkenntnis seines wahren Wesens.«*
Man zähmt Gott, man verfügt über ihn, läßt die Entfer-

---

* Mose Ben Maimon, *Führer der Unschlüssigen*, Leipzig 1923, S. 205. Diese Attribute, schreibt Lévinas im selben Sinne, *thematisieren* den, den die Tradition einfach Den Namen nennt: »Das, wodurch sie sich Gott nähern wie einer Wesenheit, entfernt sie von dem nicht vorstellbaren und heiligen, das heißt dem absoluten Gott jenseits jeder Thematisierung und jeder Wesenheit.« *L'au-delà du verset. Lectures et discours talmudiques*, Paris 1982, S. 148

nung, die uns von ihm trennt, schrumpfen und verfälscht ihn schließlich, sobald man ihn zum Familienoberhaupt ernennt oder seinen Nutzen preist. Von Vorsehung zu sprechen bedeutet also einen doppelten Anschlag: auf den Menschen, weil man seine Initiative beschneidet und auf das Göttliche, weil man seine Heiligkeit, das heißt seine radikale Fremdheit bannt. So wie Sartre als unfrei-williges Echo einer Tradition, die er nicht kennen konnte, schreibt: »*Die Abwesenheit Gottes* ist nicht mehr Verschließen, sondern Öffnung des Unendlichen. *Die Abwesenheit Gottes* ist größer, sie ist göttlicher als Gott.«[*]

Lévinas macht sich die Kompromißlosigkeit dieser Möglichkeit des Judentums zu eigen, wenn er den Atheismus ins Zentrum seiner Konzeption des Subjekts rückt (»Die Seele – die Dimension des Psychischen – ist als vollendete Trennung von Natur aus athei-stisch.«)[**], aber auch, wenn er die religiösen Katego-rien auf die zwischenmenschlichen Beziehungen an-wendet. Fern, fremd, transzendent, unendlich: das ist im Verhältnis zu mir das Antlitz des anderen Men-schen. Ohnmächtig und unfähig, das Fremde zu be-herrschen, stoße ich auf das Thema eines von Grund auf anderen Gottes. Diese Dimension des Göttlichen »öffnet sich vom menschlichen Antlitz aus«[***] in dem Maße, wie dieses – ein flüchtiger Schatten – vorüber-geht, existiert, sich »auf ganz andere Weise als alle übri-

[*] Jean-Paul Sartre, *Cahiers pour une morale*, Paris 1983, S. 40
[**] Emmanuel Lévinas, *Totalité et infini*, a.a.O., S. 51
[***] Ebd., S. 24

gen Dinge der Welt«* aufdrängt und sich dem Bild, das ich mir von ihm mache, ebenso wie der Darstellung entzieht. Das Verhältnis, das normalerweise die Beziehung zwischen Gott und seinem Geschöpf beschreibt, auf das Von-Angesicht-zu-Angesicht mit dem Anderen zu übertragen, bedeutet also nicht, die Religion zu vertreiben, sondern sie in ihrem Ursprung zu erfassen.

Das Zwanzigste Jahrhundert

Zweifellos ist der Gegensatz zwischen den beiden Vorstellungen von Gott – Höchstes Wesen oder Anderer – niemals so offen zutage getreten wie heute. Nach zwei Weltkriegen, den rechten und linken totalitären Regimes, Hiroshima, dem Gulag, den Völkermorden von Auschwitz und in Kambodscha** kann keine Rede davon sein, das Unglück durch die Sünde zu erklären, wie es ein jahrtausendealter Glauben getan hat. Diese Leiden können nicht von jemandem gesandt worden sein: sie sind ein Skandal und bedeuten nichts anderes als diesen Skandal; sie lassen die Vorstellung der Herrschaft Gottes über die Schöpfung – Zuversicht ganzer Generationen von Gläubigen – überholt und vor allem abscheulich erscheinen.

---

* Guy Petitdemange, *Ethique et transcendance, sur les chemins d'Emmanuel Lévinas*, in: *Recherches de sciences religieuses*, Jan./Marz 1976, S. 66
** Ich greife hier eine Aufzählung von Lévinas aus *La souffrance inutile* auf; in: *Giornale di Metafisica*, Genua 1982

Wenn schon Verleumdung und üble Nachrede eine schwere Sünde sind, schreibt Mose Ben Maimon, so ist es eine noch größere Sünde, seiner Zunge in bezug auf Gott freien Lauf zu lassen und ihn mit Eigenschaften zu bezeichnen, über die er erhaben ist.*

Von nun an müßte man sagen, die Schuld bestehe darin, seiner Zunge freien Lauf zu lassen, wenn von Gott die Rede ist, *weil* man auf diese Weise einem Fremden Schlechtes nachsagt. Wenn man ihn wie einen Existierenden unter anderen nach seinem Nutzen und seinen Verdiensten beurteilt, ihn mit lobenden Worten überschüttet, als furchtbar, gewaltig, mächtig und Schutz gewährend charakterisiert, dann beleidigt man weniger den Ewigen als die Opfer seines Führungsstils. Zwischen der Verleumdung des Nächsten und dem Lob der göttlichen Vollkommenheit besteht nicht nur eine Analogie: die Verherrlichung Gottes ist jene höhere Form der Verleumdung, die dem unnötigen Leiden das Siegel der Notwendigkeit aufdrückt. Wenn Gott ist und wenn er sein Sein in der Geschichte ausbreitet, wenn er herrscht und wenn er mächtig ist, dann bringen die großen Massaker unseres Jahrhunderts seinen Willen zum Ausdruck: eine Begründung rettet sie, ein Sinn mildert ihre Abscheulichkeit. Sie haben dazu gedient, die sündigen Völker zu strafen oder die Erlösung der Welt vorzubereiten. Aus unserer begrenzten, lückenhaften und einseitigen Perspektive sind die Mordtaten schlecht, doch im Panorama des Ewigen bilden sie ein notwendiges Element eines höheren Heils, ein unerläßliches Moment für

* Mose Ben Maimon, *Führer der Unschlüssigen*, a.a.O., S. 212

die Vollendung seines Werkes. Sie haben eine Daseinsbe-
rechtigung, denn wenn sie nicht geschehen wären, wäre
die Welt weniger vollkommen, weniger vernünftig. Die
Vorsehung ist eine Beleidigung der zu Tode Gefolterten,
eine Diffamierung, die dem Leiden eine positive Bedeutung beimißt. »Jedesmal, wenn er wieder das Klischee
hörte, die Opfer seien nicht umsonst gestorben, spürte er
die Wut in sich hochsteigen.« (Singer)

Ein trügerisches, kindisches Bild von Gott dem Vater?
Gewiß, doch mehr noch. Dieser kindliche Traum, diese
sanfte und beharrliche Illusion, die der Wirklichkeit
Züge des Vaterbildes verleiht, ist auch eine inakzeptable
Vorstellung - von nun an ist nicht die Absage an die
Vorsehung, sondern diese selbst inakzeptabel.

»Wenn Gott nicht existiert«, rief Ivan Karamasov aus,
»dann ist alles erlaubt.« Er irrte sich. Wenn Gott nicht
existiert, wenn unser Jahrhundert ihm die Attribute des
Seins entzogen hat, wenn man zögert, zu sagen »Gott hat
gewollt, Gott hat gewählt, Gott hat befohlen«, und von
Gott wie von seinem Arzt oder von seiner Schwieger-
mutter zu sprechen*, dann gerade, damit nicht alles zu
rechtfertigen ist, damit das Leiden dem Prinzip der Vernunft fremd bleibt.

* Emmanuel Lévinas, *Difficile Liberté*, a.a.O., S. 359

Die Solidarität der Verunsicherten

Es ist ein großer Verlust für den Menschen, wenn
er die Überzeugung von einem weisen die Welt
lenkenden Wesen verloren hat.

Lichtenberg, Sudelbücher

Die Macht und die Faszination, die von der Idee der
Vorsehung ausgehen, sind jedoch nicht zu unterschät-
zen: Es ist schwieriger, als man glaubt, die Wirklichkeit
von jeder Analogie zur Vaterfigur zu befreien. Gott ist
tot, vielleicht, aber nur, um sogleich in anderen Figuren
wieder aufzuleben. Kaum ist er verschwunden, steht
auch schon Ersatz bereit: Geschichte und Fortschritt
sollten nun der modernen Welt Rechenschaft ablegen
über die Katastrophen, die über sie hereinbrechen und
diese als bedauerliche, aber notwendige Schritte auf dem
Weg zum Heil erklären. Die eine wie die andere dieser
großen weltlichen Gottheiten haben sich ihrer Aufgabe
entledigt, indem sie die übernatürliche Güte Gottes mit
einem unsichtbaren und der Wirklichkeit innewohnen-
den Wohlwollen vertauscht haben. Ob revolutionärer
oder bürgerlicher Fortschrittsgedanke, in jedem Fall hat
er die Aufgabe der Theodizee übernommen und sich mit
bewundernswertem Eifer dafür eingesetzt, der Menschheit eine Zuflucht zu bieten.

Nun werden diese Adoptivvorsehungen selbst ange-
fochten. Sie machen schlechte Zeiten durch, man spricht
von einer Krise der Werte oder dem Niedergang der
Ideologien. Geschichte und Fortschritt sind von den
Enttäuschungen unseres Fin de siècle dahingerafft wor-

137

den. Man würde heute nicht mehr – wie Merleau-Ponty nach der Befreiung von der deutschen Besatzung – sagen, die menschliche Geschichte sei »eine Totalität in Bewegung auf einen Idealzustand hin, der dem Ganzen einen Sinn gibt.«[*] Die Vorstellung einer auf ihren Höhepunkt zueilenden Geschichte hat den Verbrechen und den zahllosen Untaten, die im Schutz ihres faszinierenden Bildes begangen worden sind, nicht standhalten können.

In diesem melancholischen Klima des Abschieds von den Hoffnungen der Moderne deutet sich überall eine spektakuläre Renaissance des religiösen Gefühls an. Als ob die Menschheit in ihrem Entsetzen vor der Leere, aus Angst zu verwaisen, nach der Zwischenherrschaft der Ersatz-Absoluten zum Urvater zurückkehrte. Die Geschichte tritt die Nachfolge Gottes an, Gott folgt auf seinen Nachfolger: so steht der Thron der Vorsehung niemals leer. Und während man vor kurzem Barbarei und Fanatismus noch auf Relikte einer devoten Gesinnung zurückführte, wird nun im Gegenteil mehr und mehr der Abfall vom Glauben für alle Greuel verantwortlich gemacht. Was man für die Ursache allen Übels hielt (die Unterwerfung unter ein heiliges Wort), wird nun als Heilmittel propagiert, das Hindernis wird zum Ausweg, und aus dem derzeitigen Wiederaufleben der Frömmigkeit zieht man die Gewißheit, daß Gott lebt und daß er die Menschen nicht im Stich gelassen hat.

Einige erklären das Interesse, das in der letzten Zeit Lévinas' Werk entgegengebracht wird, mit der Rück-

[*] Maurice Merleau-Ponty, *Humanismus und Terror*, Frankfurt/Main 1966

138

besinnung auf die Religion. Zu der Zeit, sagen sie, als der Unglaube im Denken wütete, las man diesen Philosophen nicht: man belächelte seine Parteinahme für Gott. Voller Eifer macht man sich nun, da Gott in seine Vorrechte wieder eingesetzt ist, an Lévinas' Entdeckung. Stimmt diese Erklärung wirklich, dann ist Lévinas allerdings einem ungeheuren Mißverständnis zum Opfer gefallen. Angesichts all dieser Docteurs Pangloss*, die sich auch von den schlimmsten Greueln nicht aus der Fassung bringen lassen, und die unbeirrbar behaupten, daß alles was ist, sein muß, weil Gott oder die Geschichte es so gewollt haben, steht Lévinas nämlich eher auf der Seite Voltaires. Der Autor des *Poème sur le désastre de Lisbonne* weigert sich, die Toten in der Bilanz der göttlichen Gerechtigkeit zu unterschlagen. Wenn fünfundvierzigtausend Personen in einem Erdbeben ums Leben kommen, dann ist das unnötiges Leid und nicht »die Wirkung der ewigen Gesetze, die die Wahl eines freien und guten Gottes erfordern.«** Lévinas radikalisiert diese Position und kämpft im Namen der Opfer gegen den Gedanken, der Wille zur Macht könne ein Instrument der Vorsehung oder der Vernunft sein.

Eines von vielen Anzeichen dafür, daß der eigentliche Schnitt, die grundlegende Kluft nicht mehr die Gläubigen von den Freigeistern trennt, sondern diejenigen, die sich noch auf einen Vater berufen können von den – um

---

* Lehrer des Protagonisten Candide in Voltaires gleichnamigem philosophischen Märchen. Trotz all seines Unglücks findet Pangloss, er lebe »in der besten aller möglichen Welten, in der alles aufs beste bestellt sei«. A.d.Ü.

** Voltaire, *Poème sur le désastre de Lisbonne*

einen Ausdruck des tschechischen Philosophen Jan Patočka aufzugreifen – *Verunsicherten*, »denen, die den
Schock erlitten haben, denen, die imstande sind zu verstehen, worum es im Leben und im Tod und folglich in
der Geschichte geht«.* Letztere erwarten nichts mehr
von der Zukunft. Die Kriege des 20. Jahrhunderts bedeuten eine zu gewaltige Erfahrung, als daß sie noch
– weltlichen oder religiösen – Verheißungen erliegen
könnten. Wenn sie glauben, dann ist ihr Glaube schwieriger als früher, unruhiger, ohne Gewähr und ohne
Theodizee. Wenn sie nicht glauben, dann nicht aus Ehrfurcht vor anderen Vorsehungen oder um der Welt gegenüber den Standpunkt einzunehmen. Die einen wie die
anderen können keine Ruhe finden: sie müssen fortan
ohne den Vater auskommen, jene leichtgläubige Frömmigkeit, die das Unglück der Menschen der göttlichen
Strafe zuschrieb, und ohne den *Köhler-Atheismus*, der
den ununterbrochenen Fortschritt der Menschheit
rühmte, der in der Ablösung ein Vernunftprinzip, einen
niemals widerlegten Zusammenhang erkannte, und der
es genoß zu wissen, daß das Gute im freien Spiel der
historischen oder der Naturgesetze triumphieren würde.
Die Vernunft zieht sich aus der Geschichte zurück. Die
göttliche Gegenwart und der Fortschrittsgedanke werden von der gleichen Ungewißheit befallen.

Dieser neuen Art der Religion und des Unglaubens
stehen nun die mit der Notwendigkeit Vertrauten gegenüber, die in die geheimnisvollen Absichten des höchsten
Regisseurs Eingeweihten, diejenigen, die »in Gottes

* Jan Patočka, *Essays hérétiques*, 1982, S. 144

140

Mund«* oder der einen oder anderen seiner Abwandlun-
gen logieren und für alles eine Begründung haben. Ganz
gleich, ob sie im Besitz des Glaubens oder im Besitz des
Wissens sind, nichts Menschliches kann sie jedenfalls
aus dem Konzept ihres Monologs bringen: für sie ist der
Mensch nicht der Ursprung seiner Worte oder seiner
Handlungen. Die Welt ist nicht von Personen, sondern
von Rollen bevölkert, die jedes Wesen zu einem von
einem höheren Willen bestimmten Zeitpunkt spielt, sowie von wahren Gesichtern, denen sich zu entziehen kein
Antlitz die Macht hat. Auch nichts Unmenschliches
kann sie erschüttern, da dem Gesamtplan entsprechend,
den sie selbstbewußt und voller Eifer beschreiben, jedes
Leiden seinen vorherbestimmten Ort hat.

* Elias Canetti, *Masse und Macht*, a.a.O., S. 8

Fünftes Kapitel

Die Prüfung des Nächsten

Schwierige Freiheit

Lange Zeit war für uns die moralische Sorge gleichbedeutend mit der Forderung nach der Befreiung des Menschen. Die Menschheit lieben – was hieß und heißt es
noch heute anderes als sie von ihren Untaten loszusprechen und die Verantwortung dafür den Umständen, deren Opfer der Mensch ist, zuzuschieben? Unterdrückt,
folglich schlecht: man braucht sich also nur von der
Unterdrückung zu befreien, um das Böse im Keim zu
ersticken. Je entfremdeter die Menschen sind, desto stärker verschmelzen das Reich des Guten und das Reich der
Freiheit zu einer einzigen Hoffnung. Das Gute ist das
Endziel der Befreiung, die Befreiung ist die Bedingung
der Möglichkeit des Guten.

Unterdessen regiert das Böse, und der Mensch ist rein,
der Mensch ist unschuldig. *Objektiv* unschuldig. Denn in
seinen Fehlern verrät sich ja seine Entfremdung. Sein
Egoismus klagt die unbarmherzige Welt an, die ihn hervorgebracht hat. Seine Verbrechen offenbaren seine
Knechtschaft. Er handelt nicht aus eigener Initiative,
denn die Totalität, in die er eingebunden ist, macht ihn zu
dem, was er ist. Sein Verhalten gehorcht Gesetzen, die
sich dem Verstand erschließen, und die seine tiefsten
Wünsche erfüllen. In den Befreiungsphilosophien bestär-
ken Großmut und Scharfblick sich gegenseitig, anstatt
miteinander in Konflikt zu geraten: ein universaler Ausgleich belohnt den Willen für sein Wissen; im Namen des
Klarsehens wird für alle Vergehen Absolution erteilt.

Traditionsgemäß öffnet die Erkenntnis mit ihren zahllosen Beweisen für die Nichtswürdigkeit des Menschen

dem Wohlwollen die Augen. Wenn man aber die menschlichen Bedingungen in die sozialen Bedingungen auflöst, leugnet man sogar die Existenz eines Realitätsprinzips. Nicht das Reale, sondern immer nur das System stellt sich dem Idealen entgegen. Fällt der Mensch auch häufig niedrigen Leidenschaften zum Opfer, so sagt das nichts über ihn selbst, doch alles über die Gesellschaft aus. Diejenigen, die die Geschichte auserwählt hat, um das System zu erhalten und die Gesellschaft zu festigen, sind nicht wirklich verantwortlich, da sie keinerlei – auch keine verbale – Macht über ihr eigenes Schicksal haben. Doch werden sie zugleich von einer ganz anderen, unermeßlichen Schuld schwer belastet: dadurch, daß sie ihre Rolle spielen, stehen sie der Befreiung der Menschheit im Wege. Die objektive Unschuld setzt das objektive Verbrechen der Klasse, der Gruppe, der Nation voraus, das den Menschen daran hindert, seine Unschuld wiederzuerlangen. Für die Mitglieder des verteufelten Kollektivs wird die gesellschaftliche Determination vom mildernden Umstand zum belastenden Beweis; statt entschuldigt, werden sie wegen ihrer Zugehörigkeit verurteilt, so untadelig ihr persönliches Verhalten auch sein mag.

Demnach kann man den Begriff des objektiven Verbrechens – diese juristische Neuerung des 20. Jahrhunderts – nur aufgeben, wenn man gleichzeitig die noble Vorstellung einer objektiven Unschuld in Frage stellt. Anders gesagt, eine antitotalitäre Philosophie muß den Menschen außerhalb der Totalität denken: nicht als zu befreienden, sondern als frei. Unabhängig, verantwortlich und nicht wie unter Arrest in seiner Zugehörigkeit.

Nicht determiniert, sagt Lévinas, sondern *erschaffen*. »Die Schöpfung *aus dem Nichts* sprengt das System, stellt ein Wesen außerhalb jedes Systems, das heißt dahin, wo die Freiheit möglich ist. Die Schöpfung läßt dem Geschöpf eine Spur von Abhängigkeit, aber eine Abhängigkeit ohnegleichen: das abhängige Wesen zieht aus dieser außergewöhnlichen Abhängigkeit, aus dieser Beziehung, eben seine Unabhängigkeit, seine Stellung außerhalb des Systems.«*

Was ist ein Geschöpf? Ein Wesen, das sich nicht aus dem Milieu seiner Geburt herleiten läßt. Eine aus dem Anderen hervorgegangene Existenz, die von diesem Anderen aber nicht beherrscht wird. Ein Erscheinen, das keine Emanation ist, das heißt das sich seinem Erzeuger entzieht. Das Subjekt, das in seiner Zeit verankert, von der Geschichte geformt ist, existiert doch auch davon *unterschieden*: Die Vorstellung von der Schöpfung setzt den Menschen nicht als entfremdet voraus, sondern schreibt ihm eine unveräußerliche Unabhängigkeit gut. Nur er, nichts in ihm als er selbst kann die Verantwortung für seine Handlungen übernehmen. Weder um ihn loszusprechen, noch um ihn zu verdammen, kann man sein Verhalten ganz und gar auf die Vererbung zurückführen, die es bestimmt, oder auf die Umwelt, in der es sich entfaltet. Diese Art zu denken läßt das objektive Verbrechen ebensowenig wie die objektive Unschuld gelten, sondern nur Fehler zurechnungsfähiger Menschen.

Nun glauben wir aber nicht mehr an Märchen, und seit einiger Zeit wissen wir, daß die Welt nicht durch das

* Emmanuel Lévinas, *Totalité et infini*, a.a.O., S. 78

147

Wunder des göttlichen Willens auf einen Schlag und aus dem Nichts heraus entstanden ist. Doch Vorsicht vor der Naivität dieser Aufklärung. »Im Anfang schuf Gott den Himmel und die Erde«*: dieser Gedanke erschöpft sich nicht in dem Wunder, von dem er berichtet. Seine Stärke liegt in der unwiderruflichen Trennung des Schöpfers von seinen Geschöpfen. Und diese Botschaft, die der Monotheismus uns gebracht hat, ist heute keineswegs anachronistisch. Im Gegenteil. Wir Modernen, wir haben die goldene Legende der Schöpfung entmystifiziert. Aber wenn wir die Individuen ihrer Innerlichkeit berauben, wenn wir sie in einer Totalität aufgehen lassen, der sie ihre ganze Bedeutung entlehnen, sind wir in gewisser Weise auf die Stufe vor der Vorstellung der Schöpfung *aus dem Nichts* zurückgefallen. Und auf ebendiese Vorstellung müssen wir wieder zurückgreifen, um die Welt zu entzaubern und das Bild eines von den Dämonen der Rasse oder der Vernunft der Geschichte besessenen Menschen durch den Begriff eines freien, das heißt getrennten Menschen zu ersetzen.**

Obwohl es den Anschein haben mag, vollzieht sich mit Lévinas also keine Rückkehr der moralischen Sorge, keine Vergeltung des Idealismus für den Materialismus, der noch vor ganz kurzer Zeit – als es hieß, das menschliche Abenteuer sei in jeder Hinsicht politisch – das

---

* *Genesis* 1,1
** »Erschaffen bedeutet, ein Wesen aus sich heraus zu setzen, dergestalt, daß es ohne ständige Unterstützung seines Schöpfers existieren kann (. . .) Der Schöpfungsakt ist das, was ein anderes außer Gott existieren läßt, ein anderes, dessen Anderssein total ist.« Catherine Chalier, *Judaïsme et altérité*, 1982, S. 181-182

Denken beherrschte. Denn die Befreiungsphilosophien zeichnen sich gerade durch ihren maßlosen ethischen Ehrgeiz und ihren absoluten Idealismus aus. Sie versprechen den Menschen in einem Atemzug das Glück, die Mündigkeit und die Ausmerzung des Bösen. Und weil für diese Philosophien alles politisch ist, werden die Skeptiker, die den Träumen die Widerstände und Widerlegungen der Wirklichkeit entgegensetzen, unverzüglich in die Kategorie der Dummen oder in die noch entwürdigendere der Verfechter der bestehenden Ordnung eingeordnet. Wenn man von einer schwierigen Freiheit spricht, so bedeutet das also nicht unbedingt die Wiedereinführung der moralischen Dimension, sondern vielmehr den Bruch mit der Moral all der Diskurse, die die menschliche Autonomie im Namen einer zukünftigen Freiheit auflösen.

Der Einwand des Realismus

Das Individuum ist also nicht auf die Kräfte, die es erzeugt haben – welche dies auch immer sein mögen – zu reduzieren. Doch Lévinas wagt sich in seinem Denken über diese These der Trennung hinaus. Er versteht das soziale Leben des getrennten Wesens im Sinne des doppelten Modells der Religion und der Liebe. Alle Worte, die ihm dazu dienen, das Von-Angesicht-zu-Angesicht mit dem anderen Menschen zu beschreiben, sind dem Vokabular der Theologie oder dem der Leidenschaft entlehnt. Es ist also legitim, sich zu fragen, ob Lévinas, der Denker des getrennten Menschen, gegenüber dem

Menschen, so wie er ist, nicht ebenso blind ist wie die Theorien des entfremdeten Menschen. Zweifellos beflügelt es, wenn man feststellt, daß die religiösen Kategorien vom Himmel auf die Erde herniedergekommen sind und sich in keiner Weise mehr auf die Hinterwelten beziehen. Wenn man jedoch Prinzipien, die nur für das Verhältnis zu Gott gelten, auf gesellschaftliche Verhältnisse überträgt, wechselt man dann nicht ein Trugbild gegen ein anderes aus, die religiöse Illusion gegen die moralische Illusion und die Frömmigkeit ganz einfach gegen den frommen Wunsch? Seit wann ist der andere Mensch ein Gott für den Menschen?

Und macht die unausgesprochene, aber sehr genaue Übereinstimmung von Ethik und Leidenschaft, die sich durch Lévinas' Denken hindurchzieht, nicht zugleich seine Verführungskraft und seine Unwahrscheinlichkeit aus? Die Menschen lieben sich nicht, keine natürliche Neigung verbindet sie miteinander. Wer glaubt noch an wirklich reine Gefühle? Wer sieht in ihnen nicht eine Farce, einen Paravent der Heuchelei, hinter dem jeder vielleicht nicht unbedingt seinen schlechtesten Neigungen freien Lauf läßt, aber doch immer auf seinen eigenen Vorteil bedacht ist und keinen anderen Rat befolgt als die Anweisungen der Sorge um sich selbst? »Liebe deinen Nächsten wie dich selbst« – diese rührende Ermahnung ändert nichts daran, daß überall Machthunger und Besitzgier wüten. Der Mensch ist kein moralisches Wesen: nun, da sich der Traum einer totalen Befreiung auflöst – oder genauer: da er als Alptraum in Erfüllung geht – sind wir weniger willens, diesen natürlichen Makel für ein historisches oder soziales Laster zu halten. Von Hobbes

bis Adam Smith ruft sich uns eine ganze – vom Fort-
schrittsdenken verdeckte – philosophische Tradition in
Erinnerung: Kennzeichnend für diese Denkweisen ist der
Wille, das soziale Leben auf eine *realistische* Grundlage
zu stellen. Realistisch, das heißt *anders als moralisch*.
Dem angemessen, was die Menschen sind, und nicht
dem, was sie sein sollten. Die Beziehungen in den egoistischen Trieben verankern und nicht in den tugendhaften Vorschriften, die diese Triebe verdammen. Den persönlichen Sorgen und alltäglichen Sehnsüchten eines
jeden Gerechtigkeit widerfahren lassen, statt sie zu
brandmarken und heilen zu wollen. Die Zerstörungswut
eher mittels anderer, ebenso spontaner Triebe (dem Pro-
fitstreben, der Angst vor einem gewaltsamen Tod) zivi-
lisieren als der ganzen menschlichen Schrankenlosigkeit
die nutzlosen religiösen Gebote der Aufopferung und
der Demut entgegensetzen. Weisheit der Liebe? Für den
Realismus besteht die Weisheit ganz im Gegenteil darin,
die Liebe in den Wind zu schreiben und diese unauffind-
bare Fähigkeit dadurch zu ersetzen, daß man weniger
schöne, dafür aber zuverlässigere Leidenschaften mobi-
lisiert, um den Frieden zwischen den Menschen zu er-
möglichen. Die Moralapostel machen die Liebe zum
Heilmittel gegen das Übel; die Befreier sehen in ihr das
Ziel, zu dem die Menschheit gelangt, wenn sie aus ihrem
langen vorgeschichtlichen Winterschlaf erwacht ist. Der
Realismus fordert uns auf zu lernen, ohne dieses un-
brauchbare Mittel auszukommen und uns von diesem
Ziel abzukehren, das wir doch nie werden erreichen
können. Kurz und gut, Realist zu sein bedeutet, mit der
menschlichen Natur einen Kompromiß zu schließen,

anstatt sie wie die einen verwelken zu lassen und durch erbauliche Reden bessern zu wollen oder sie wie die anderen schlicht und einfach zu leugnen und alle Laster der Menschen auf ein schlechtes Funktionieren der Gesellschaft zurückzuführen. Lévinas, soviel steht fest, ist weder ein Moralapostel noch ein Befreier. In seinem Werk ist die Liebe weder ein Wundermittel noch eine Verheißung. Aber – werden die Realisten sagen – er lebt in einem Traum, wenn er die subjektive Ethik von der Liebe oder von der Religion ableitet. »Homo homini lupus«; wer hat nach allen Erfahrungen des Lebens und der Geschichte den Mut, diesen Satz zu bestreiten?«*

* Sigmund Freud, Das Unbehagen in der Kultur, Frankfurt / Main 1974, S. 240. Seit ihren Anfängen ist die Psychoanalyse Streitobjekt des Kampfes zwischen einer realistischen Philosophie und einer Philosophie der Befreiung, zwischen der Kritik an den Illusionen, die dem Menschen die Beseitigung der Konflikte vorgaukeln, und der Kritik an einem System, das den Menschen daran hindert, diesen Idealzustand zu erreichen. Auf seine Art hält Freud nach wie vor der Utopie einer von allem Bösen befreiten Zivilisation die unabänderliche menschliche Natur entgegen. Genau das wirft ihm von Reich über Marcuse bis Deleuze und Guattari eine ganze Tradition vor, die in den psychischen Schwierigkeiten des heutigen Menschen nur die bestehende Gesellschaftsordnung sieht. »Die Stärke Reichs ist, aufgezeigt zu haben, wie die Verdrängung von der Repression abhängt. Das impliziert keineswegs eine Konfusion beider Begriffe, da die Repression der Verdrängung bedarf, damit folgsame Subjekte herangebildet werden und die Reproduktion der gesellschaftlichen Formation, einschließlich ihrer repressiven Strukturen, gewährleistet ist. Doch darf auch die gesellschaftliche Repression sich nicht von einer familialen, mit der Zivilisation koextensiven Verdrängung her verstehen, da vielmehr diese in Abhängigkeit von einer der herrschenden Form gesellschaftlicher Produktion inhärenten Repression zu begreifen ist.« Gilles Deleuze, Félix Guattari, Anti-Ödipus, Frankfurt/Main 1974, S. 152

»In gewisser Weise
ist nichts störender als der Nächste«

Obwohl es so scheinen mag, ist Lévinas kein Philosoph des Altruismus. In seinem Denken findet sich keine Spur jenes natürlichen Wohlwollens mit Namen Mitleid oder Edelmut, das uns scheinbar unweigerlich dazu bringt, unseren Mitmenschen zu Hilfe zu eilen oder uns wenigstens mit ihrer Not zu identifizieren, Anteil zu nehmen an der Gewalt, die ihnen angetan wird, als wären wir selbst davon betroffen. Kein Lob auf diesen göttlichen Trieb, auf diese fromme Gefühlsregung, die ein so beruhigendes Zeichen unserer ethischen Berufung wäre. Keine Rührung angesichts unserer ursprünglichen Liebe für unsere menschlichen Brüder. Kein Ersatz der strengen Gesetze durch überschwengliche Gefühle. Logik der Berechnung, *conatus essendi*, Herrschaftsanspruch des Ich, das ohne Vorsicht noch Rücksicht seinen Weg geht und seinen Platz an der Sonne einfordert: wenn es darum geht, das menschliche Wesen oder genauer das Spiel des Seins im Menschen zu beschreiben, entlehnt Lévinas seine Konzeptionen und sogar sein Vokabular bei Pascal, bei Hobbes und bei Spinoza. Diese gegensätzlichen Philosophen stimmen unter dem Schock der Machtkämpfe zwischen den Dynastien und der Religionskriege, die Europa in ein Blutbad getaucht hatten, darin überein, daß sie der menschlichen Moralität keinerlei Vertrauen mehr entgegenbringen. Moral kommt in Lévinas' Denken sehr wohl vor, aber nicht jene Moral des Herzens, die bestrebt ist, den Menschen zu rehabilitieren, und die daher die Anteilnahme zu seinen natürlichen Regungen zählt. Derselbe Philosoph, der die Ethik dem Modell der Liebe unterstellt, übernimmt ein vollkommen illusionsloses Bild des Menschen, so wie er ist: insbesondere dasjenige von Pascal, der das Ich geißelt, weil es sich zum Zentrum aller Dinge macht und der Tyrann aller anderen sein will.*

Der Sinn des moralischen Dramas liegt nämlich in einem Paradoxon: Die Moral in mir kommt nicht aus mir selbst. Nicht aus eigenem Antrieb stelle ich das konstante Prinzip aller meiner Handlungen – mein eigenes Wohl und Wehe – hintan und gebe dem Wohlergehen eines anderen Menschen den Vorrang. Ich lebe ohne mein Zutun. Leben, das kann bedeuten sich entfalten oder stehen bleiben, nach dem Nützlichen streben oder nach Macht verlangen, seine Kräfte zügeln oder ihnen freien Lauf lassen. Jedenfalls ist die Offenheit dem Fremden gegenüber kein Grundelement, kein Trieb meines spontanen Lebens. Anders gesagt: die Moral ist eine Verwandlung, deren Ursprung außerhalb meiner selbst liegt. Eine Konversion im eigentlichen Sinne. Etwas Fremdes – das Antlitz des anderen Menschen – kommt und zwingt mich, meine Gleichgültigkeit aufzugeben. Ich werde aufgestört, von meinem Lebensrausch ernüchtert, aus meinem dogmatischen Schlaf wachgerüttelt, aus meinem Reich der Unschuld vertrieben und durch das Eindringen des Fremden zu einer Verantwortung gerufen, die ich weder gewählt noch gewollt habe. So haben die Realisten also recht in bezug auf die Moral des Herzens: die Ethik ist nicht natürlich. Aber sie liegen

* Blaise Pascal, *Gedanken*, Nr. 455

falsch, wenn sie daraus schließen, sie sei utopisch oder irreal. Ethik, das ist meine durch das Antlitz des Anderen in Frage gestellte Natur. Ich will das Gute nicht, wie ich vielleicht mein Vergnügen oder meinen Vorteil will: die Sorge um einen anderen erfaßt mich gegen meinen Willen wie ein Trauma. Der Andere – und das ist zweifellos die Definition seines Andersseins – scheidet in mir das Menschliche von der menschlichen Natur: seinetwegen kann ich nicht mehr selbstverständlich existieren.

Nächstenliebe? Nicht, wenn man darunter im Sinne einer erbaulichen, altruistischen Philosophie die angeborene Anteilnahme des Menschen für den leidenden Menschen versteht. Aber wohl, wenn man in dem salbungsvollen und schalen Wort Liebe noch die erdrückende, beschwerliche, quälende Nähe, die Verfolgung und die eindringliche Anklage wahrnimmt, jene Gewalt, die der Nächste auf mich ausübt. Von diesem Anderen bin ich getrennt, er entzieht sich meiner Macht, und doch komme ich nicht von ihm los. Er macht es mir unmöglich, unbefangen und aus dem vollen zu existieren, sei es als hedonistisches Ich, das seinen Genüssen lebt, als heroisches Ich, das seine Macht entfaltet, oder als bürgerliches Ich, das sich der Verfolgung seiner Interessen verschrieben hat. Der Andere: der, der uns das Spiel des Seins verdirbt. Da sehe ich mich also nun gezwungen, die Verantwortung für ihn zu übernehmen, fühle mich wie gelähmt und wider Willen mit einer moralischen Pflicht betraut. Nicht ich liebe von Natur aus meinen Nächsten, sondern der Nächste fällt mir zu und zur Last, läßt mir keine Ruhe und drückt mich an die Wand – kurzum, er tut meiner Natur Gewalt an, indem er mir befiehlt, ihn zu lieben.

Schon bei der Annäherung bin ich Diener des Nächsten, bereits zu spät und dieser Verspätung schuldig. Es ist als würde ich von außen – traumatisch – gesteuert, ohne mir dabei die Kraft, die mich leitet, innerlich vorstellen oder sie begrifflich fassen zu können. Ohne mich zu fragen: Was bedeutet sie mir denn? Woher nimmt sie das Recht zu befehlen? Was habe ich getan, um von vornherein Schuldner zu sein?*

Der Mensch ist nicht jenes friedfertige, nach Liebe dürstende Wesen, das die Moral des Herzens uns gerührt beschreibt. Die Nächstenliebe ist ihm nicht angeboren, sondern wird ihm auferlegt wie eine Pflicht, der er sich nicht entziehen kann, »ohne die Spur seiner Fahnenflucht zu hinterlassen«.** Der Modus, die Art und Weise wie der Andere in der Welt auftritt, ist der Imperativ. In der Liebe, zu der seine Gegenwart mich zwingt, liegt der ganze Schmerz des Verzichts auf eine königliche, unbeirrt ihren Gang gehende Existenz. »Nur ein verwundbares Ich kann seinen Nächsten lieben.«*** Verwundbar und nicht dynamisch, unternehmungslustig oder strahlend: nicht ich stürze in einer Anwandlung von Edelmut zuerst auf den Anderen zu, sondern der Andere, der eintritt ohne anzuklopfen, lenkt meine Absichten in eine andere Richtung und stört meinen Seelenfrieden. Man nimmt der moralischen Verwicklung Schärfe und Glanz, wenn man die aktive Rolle demjenigen zuschreibt, der liebt. Der Nächste geht mich etwas an, noch bevor mein Herz oder mein Verstand die Entscheidung, ihn zu lie-

---

* Emmanuel Lévinas, *Autrement qu'être ou au-delà de l'essence*, a.a.O., S. 110
** Emmanuel Lévinas, *Humanisme de l'autre homme*, a.a.O., S. 75
*** Emmanuel Lévinas, *De Dieu qui vient à l'idée*, Paris 1982, S. 145

ben, überhaupt haben treffen können. Das Antlitz ist jene bestimmende Macht in ihm, die meine Herrschaft absetzt und mich zu einer radikalen Passivität zwingt. Liebe, wenn man so will, aber eine Liebe wider Willen; eine anstrengende Liebe; Liebe als der geläufigste Name für die Gewaltsamkeit, mit der der Andere mich aufstöbert, nach mir verlangt und mich bis in die verborgensten Winkel des An-sich-seins verfolgt. Daher die Aggressivität, die ich gegen diese aufdringliche Person entwickeln kann, gegen diese allgegenwärtige Abwesenheit, gegen diesen *Unerwünschten*, den Nächsten. Daher also, in einem Wort, das Böse.

Die Nächstenliebe ist keineswegs ein keuscher Schleier, der über unsere Grundausstattung an Bestialität und über die Schändlichkeiten der Menschheitsgeschichte geworfen wird, sondern erklärt vielmehr den Haß, dem sie vorausgeht. »Bin ich denn der Hüter meines Bruders?« ruft Kain aus, und diese Ausrede ist in Wirklichkeit sein Geständnis, die Offenbarung seiner Motive. Eben weil ich nicht nur der Bruder meines Bruders bin (auf gleicher Stufe mit ihm), sondern sein Hüter – seine Geisel, wagt Lévinas zu sagen –, kommt in mir die Versuchung auf, dem allen ein Ende zu bereiten, das Verlangen, diese ungleiche Verbindung zu lösen. Das Böse ist Revolte, Protest eines gestürzten Souveräns – dem Ich – gegen seine Absetzung durch den Anderen. Von der harmlosen Unaufrichtigkeit – die alle Mittel der Intelligenz einsetzt, um zu dem klaren Schluß zu kommen: »Das ist nicht mein Problem!« – bis zur vernichtenden Gewalt entspringt das Böse zunächst dem Willen, Existenz zu bestrafen. Nicht den Rivalen haßt man im

Nächsten am meisten, sondern das Antlitz; nicht seine mutmaßliche Feindseligkeit, seine bedrohliche Stärke, sondern den Befehl, den seine Not mir erteilt: »Ich trete weniger vor den Nächsten, als daß ich vor ihn zitiert werde. Ich leiste stehenden Fußes einer Vorladung Folge (. . .) Doch die Verantwortung, der ich derart passiv ausgesetzt bin, betrifft mich nicht als austauschbare Sache, niemand kann hier an meine Stelle treten; wenn sie an mich appelliert wie an einen Angeklagten, der die Klage nicht wird zurückweisen können, verpflichtet sie mich als jemand Einmaligen und Unersetzbaren. Als Auserwählten.«* Ein Auserwählter, das heißt jedoch nicht Träger eines Privilegs, sondern Sitz einer Verantwortung, Ziel einer Anklage, während ich doch gar kein Verbrechen begangen habe – das hat das Antlitz des anderen Menschen aus mir gemacht, und meine Gewalt richtet sich gegen den Skandal dieser Wahl.

Man sieht, der biblische Ausdruck des Auserwählten bekommt in der Beziehung zum Anderen einen Sinn. Der Nächste beruft mich zu sich, ernennt mich, ohne mir die Möglichkeit zum Rücktritt zu lassen, mich, einzig und allein mich, der ich um nichts gebeten habe und der ich diese Bürde nicht einmal auf einen Stellvertreter abwälzen kann. Das Auserwähltsein ist vor allem eine Modalität des Menschlichen und erst in zweiter Linie eine religiöse Kategorie. Und das zu sagen, bedeutet nicht, aus seinem Blickfeld alles das auszuschließen, was das Leben an Niederträchtigkeit mit sich bringt, sondern im Gegenteil, sich die Mittel an die Hand zu geben, diese

* Emmanuel Lévinas, *De Dieu qui vient à l'idée*, a.a.O., S. 117-118

Dinge zu denken. Nehmen wir einmal an, der Mensch sei dem Menschen ein Wolf. Womit soll man diesen alles umfassenden Krieg begründen? Mit den Trieben? Mit einer unbändigen Raserei, dem hartnäckigen Zeichen unserer tierischen Natur? Mit dem Eigennutz, dem Kampf der konkurrierenden Egoismen? Diese Antworten sind tautologisch: der Mensch ist gewalttätig, weil seine Leidenschaften gewaltig sind. In seinem Bemühen, alles durch das Böse zu erklären, ist der Realismus nicht imstande, den Ursprung dieses Bösen zu begreifen. Mit einem Wort: der Realismus ist nicht realistisch, sondern vereinfachend: er geht an dem Problem des Bösen vorbei, weil er es als natürliche Gegebenheit betrachtet. Nun ist aber nicht die Natur des Menschen mörderisch oder barbarisch, sondern seine Bestrebung, zu ihr zurückzukehren. Im Angesicht des Anderen steht mein Leben unter Anklage, mein Sein ist nicht mehr mein Recht, ich bin in der Welt nicht mehr zu Hause, mir wird eine Verpflichtung auferlegt, die die angenehme Pflicht der Erhaltung und Entfaltung in den Hintergrund drängt. So ist meine Existenz dazu verurteilt, nicht aus sich selbst heraus gerechtfertigt zu sein. Durch das Böse lege ich Berufung gegen dieses Urteil ein. Ich gebe zugleich dem Ressentiment und der Sehnsucht Ausdruck, die seine Unerbittlichkeit in mir auslöst. Sehnsucht nach einem nicht mehr moralischen, sondern organischen Leben, das nur dem inneren Gesetz seiner eigenen Bewegung gehorcht. Sehnsucht nach dem Elan vital und danach, nicht verantwortlich zu sein. Traum von der Rückkehr zur Natur.

Im Anfang ist die Gewalt, sagen die Pessimisten, die

Bilderstürmer, die sich kaum noch Illusionen über den Wert des Menschen machen und alle Dinge auf der untersten Ebene ansiedeln. Doch die Ernüchterung ist nicht immer ein Unterpfand der Tiefe oder der Wahrheit: ich hasse den anderen Menschen nicht spontan (auch nicht, weil ein teuflisches und allmächtiges System mich vielleicht dazu bringt, ihn zu hassen), ich hasse in ihm die nicht umkehrbare Infragestellung meiner Spontaneität. Ich verzeihe ihm nicht, daß ich ihm gegenüber Entschuldigungen vorbringen muß.

»Es wird Zeit«, schreibt Lévinas, »die Verwechselung von Einfalt und Moral anzuprangern.«* Dadurch, daß seine Philosophie den Realismus mit seinen eigenen Waffen bekämpft, dadurch, daß sie die *Einfalt des Realismus* unausgesprochen anprangert, gelingt ihr die Rehabilitierung der Moral.

Ausgangspunkt der Beziehung des Menschen zum anderen Menschen ist nicht die Feindschaft, sondern ein Bund oder, um es in einer Sprache ohne religiöse Konnotation zu sagen, die Nicht-Möglichkeit der Gleichgültigkeit. Der Andere geht mich etwas an, bevor ich irgendeine Entscheidung gefällt habe, er schädigt mich, lockt mich – gegen meinen Willen – vom rechten Pfad meines eigenen Vorteils. Man muß die Feindschaft also vom Bund aus denken und nicht umgekehrt. Nicht das Ressentiment gegen die Stärke erzeugt, wie Nietzsche behauptet, die Nächstenliebe, diese Apologie der Zukurzgekommenen und Schwachen. Vielmehr erzeugt die

* Emmanuel Lévinas, *Autrement qu'être ou au-delà de l'essence*, a.a.O., S. 162

Liebe – dieses Von-dem-Nächsten-ergriffen-werden, diese Ernennung, die man nicht zurückweisen kann – als Reaktion Verbitterung und Grausamkeit. Eine mittlerweile reiche und ehrwürdige Tradition mahnt uns, bei der Erforschung der Seelen die Tugend bis zu den verborgenen Prozessen, deren Ergebnis sie ist, zurückzuverfolgen, den hohen Prinzipien ihren *a-priori*-Charakter zu nehmen, die Pflicht von ihrem angeblich absoluten Thron zu stürzen, mit einem Wort: *das unmoralische Geheimnis der Moralität* zu enthüllen. Von diesem Standpunkt aus betrachtet ist der kategorische Imperativ eine zweite, vom Neid, von der Aggressivität oder von der Angst abgeleitete Instanz, also eine Verinnerlichung. Das Kind verinnerlicht die elterliche Autorität, die souveräne Kraft verinnerlicht die Verurteilung durch das Ressentiment, sieht ihr Unrecht ein und wendet sich gegen sich selbst. Diesen Genealogien der Moral setzt Lévinas eine Reflexion über das Böse entgegen, die *das moralische Geheimnis der Unmoralität* verbreitet: weil ich mich wie in der Leidenschaft einem Anderen, der mir immer entweicht, nicht entziehen kann, weil ich meinem Nächsten nicht ebenbürtig, sondern von ihm auserwählt, seine Geisel, sein Schuldner bin, eben deswegen überwältigen mich mitunter aggressive Triebe.

»Weltkriege – und regionale Kriege – Nationalsozialismus, Stalinismus – und auch die Entstalinisierung – Lager, Gaskammern, nukleare Waffenarsenale, Terrorismus und Arbeitslosigkeit – das ist sehr viel für eine einzige Generation, auch wenn sie nur Zeuge all dessen gewesen wäre.«[*]

[*] Emmanuel Lévinas, *Noms propres*, a.a.O., S. 9

Eine weitverbreitete Lebensweisheit glaubt, daß man, um all dies zu begreifen, die fromme, aber illusorische Vorstellung von der Nächstenliebe aufgeben muß. Das Gegenteil ist der Fall: wenn das Denken das Rätsel der Barbarei verstehen will, muß es sich an jener Verstrickung mit dem Nächsten orientieren, die man mit dem abgegriffenen Wort Liebe bezeichnet.

Der Haß auf den anderen Menschen

»Zum Gedenken an die Meinen unter den sechs Millionen von den Nationalsozialisten Ermordeten, neben den Millionen und Abermillionen Menschen aller Konfessionen und aller Nationen, Opfer desselben Hasses auf den anderen Menschen, desselben Antisemitismus.«*

Auf den ersten Blick scheint diese Widmung ihren Verfasser der breiten intellektuellen Richtung zuzuordnen, die in der Abwehr der Andersartigkeit die Wurzel allen Übels sieht. Haß auf den anderen Menschen: das bezeichnet man heute als Ethnozentrismus. Eine Gruppe hält sich für ganz besonders menschlich, spricht den übrigen Artgenossen diese Eigenschaft ab oder gesteht ihnen allenfalls eine mindere Menschlichkeit zu. Eine regionale Lebensform will die Totalität des Seins ausfüllen und macht aus allem, was sich in der Welt ihrem Modell zu widersetzen wagt, etwas Minderwertiges oder Monströses. Der Mensch, sagt die Kritik des Eth-

* Emmanuel Lévinas, *Autrement qu'être ou au-delà de l'essence*, a.a.O.

nozentrismus, ist dem *anderen* Menschen ein Wolf. Eine entscheidende Präzisierung: nicht der Gleichgeartete provoziert zunächst die Aggressivität, sondern der Andersgeartete, der Unbekannte, der Außenseiter, der, der anderswoher kommt, der, dessen seltsames Gebaren den häuslichen Frieden stört und das Gewohnte durch seine beunruhigende Fremdartigkeit bedroht. Die ursprüngliche Gewalt ist nicht der Krieg aller gegen alle, auf den sich die klassischen Denker berufen, sondern die Feindschaft, die eine menschliche Gemeinschaft – Familie, Dorf, Nation, Religion, kulturelle Einheit – fast immer den Fremden gegenüber empfindet. Die spontane Gewalt des Hinterwäldlers, der über seine Nasenspitze nicht hinaussieht; die ideologische und siegessichere Gewalt einer Eigenart, die sich zum allgemeingültigen Gesetz aufwirft, das Monopol der Zivilisation für sich in Anspruch nimmt und die menschliche Vielfalt bekämpft, statt die Gleichwertigkeit der Kulturen anzuerkennen. In der Ablehnung der Andersartigkeit vereinigen sich ein engstirniger Partikularismus und ein verlogener Universalismus, und dieser finsteren Koalition setzt ein ganzer Teil des europäischen Denkens – von Montaigne bis Lévi-Strauss – die Verherrlichung des kulturellen Pluralismus entgegen.

Die Kritik des Ethnozentrismus erreicht in den sechziger Jahren mit der Entkolonialisierung ihren Höhepunkt. Während die Dritte Welt – der so lange verkannte, verhöhnte, zur unmöglichen Wahl zwischen Minderwertigkeit und Anpassung gezwungene Andere – sich emanzipiert, werden in Europa die Gründe der abendländischen Eroberung in Frage gestellt. Der europäische Mensch war davon überzeugt, die Zivilisation zu verkörpern: was nicht er selbst war, konnte nicht anders, sondern schlechter sein als er. Eine mittlerweile zerstörte Gewißheit, denn jetzt unterscheidet er sich selbst, ist *anderer unter andern*, der zerbrechliche Träger einer provisorischen Identität. Um dem Gewaltstreich einer bestimmten Kultur, die ihre Herrschaft auf die ganze Welt ausdehnen wollte, von innen heraus Widerstand entgegenzusetzen, bekennt sich die Philosophie zu den beiden großen Modellen Geschichte und Ethnologie. Stellt man unserer Gegenwart frühere Zeiten oder ferne Kulturen gegenüber, so wird – eine heilsame Demütigung – ihre Zeitgebundenheit wieder deutlich. Alles, was man beim Menschen für unsterblich oder natürlich gehalten hatte, wird wieder in das Werden eingegliedert. Grundlagen menschlichen Verhaltens, die als geschichtslos galten – Gefühl, Trieb, Bewußtsein – lassen sich verschieden deuten, je nachdem in welcher Situation sie zum tragen kommen. Der vielberufene Tod des Menschen ist nichts anderes als seine Zerstreuung in unzählige Identitäten, die aufeinanderfolgen, durcheinandergeraten oder nebeneinanderstehen, die sich jedoch niemals vereinigen.

In dieser zerstückelten Landschaft bleibt von »dem großen historisch-transzendentalen Schicksal des Abendlandes«* nichts als die Willkür eines unersättlichen Willens zur Macht. Aber wenn wir ganz und gar Geschichte oder Kultur sind, wenn das Universale nur

* Michel Foucault, *Archäologie des Wissens*, Frankfurt/Main 1981, S. 299

die Maske unseres Imperialismus ist, wenn nichts am Menschen fest genug ist, »um auch die anderen Menschen verstehen und sich in ihnen wiedererkennen zu können«*, dann können wir gar nichts mehr beurteilen. In der Tat neigen wir in unseren Urteilen dazu, zwischen den verschiedenen Gesichtern des Menschlichen eine Kontinuität und Ähnlichkeit wiederherzustellen, die gewissermaßen Kennzeichen des Ethnozentrismus im Denken sind. Selbst unsere Werte sind geschichtlich oder kulturell geprägt, unsere moralischen Kategorien bringen unsere Andersartigkeit zum Ausdruck: das zu vergessen, würde bedeuten, in den Imperialismus zurückzufallen, wieder einmal einem einzelnen System eine absolute und zeitlose Tragweite zu verleihen.

Wenn man nun, um mit der Abneigung gegen den Anderen endlich Schluß zu machen, erklärt, man sei selbst anders – wozu uns die Generation der Strukturalisten auffordert –, dann stößt man auf den unüberwindlichen Widerspruch zwischen der ethisch inspirierten Absicht (Kritik des abendländischen Ethnozentrismus) und dem Endergebnis, das heißt der Auflösung der Moral in einem allgemeinen Relativismus: in einer Welt, in der eine irreduzible Vielzahl von Menschheiten wuchern, konkurrieren und wieder verschwinden, kann es keine für alle verbindlichen Verpflichtungen geben.

Trotz der Ähnlichkeit des Vokabulars reiht Lévinas sich nicht in diese Denkrichtung ein. Er stellt zwar rich-

---

* Michel Foucault, *Nietzsche, die Genealogie, die Historie*, in: *Von der Subversion des Wissens*, München 1974, S. 97

tig, daß der Sinnspruch »homo homini lupus« den Haß
auf den *anderen* Menschen bedeutet, aber gleichzeitig
macht er einen Unterschied zwischen der Alterität, der
Andersheit sowie der Differenz, der Andersartigkeit, auf
der die Thematik des Ethnozentrismus gründet. Nicht
die spezifischen Eigenschaften oder die merkwürdigen
Gewohnheiten machen die Andersheit des Anderen aus,
sondern die Nacktheit seines Gesichts: Appell an mein
Verantwortungsgefühl und Weigerung, sich eingliedern
zu lassen, auch nicht in seine eigene Exotik. Der Andere
nötigt und flieht. Und der nazistische Antisemitismus ist
der Beweis dafür: kein Haß ist wilder als der, der sich
gegen diese Aufdringlichkeit und gegen diese Freiheit
richtet.

Der älteste gegen die Juden erhobene Vorwurf richtet
sich tatsächlich gegen ihr hartnäckiges Festhalten an
einer strengen Lebensweise, ihre Abschottung von der
Welt und die Barrieren, die sie wie zum Spaß zwischen
sich und dem Rest der Menschheit errichten. Allem
Anschein nach ist es diese eigensinnige Andersartigkeit,
die der Antisemitismus dem jüdischen Volk niemals ver-
ziehen hat und die der nazistische Wahn mit der Wurzel
ausreißen wollte. Doch lesen wir einmal – von den *Pro-*
tokollen der Weisen von Zion bis zu *Mein Kampf* – die
Texte, die den Völkermord vorbereitet haben. Hier geht
es in erster Linie um die Unsichtbarkeit der Juden: die
heimliche Macht, die sie angeblich ausüben, die heim-
tückische Art und Weise, mit der sie sich angeblich in die
gesunden Organismen der anderen Nationen einschlei
chen, um auf deren Kosten zu leben und sie zu entkräf-
ten, bis sie schießlich zugrundegehen. Die jüdische An-

dersartigkeit ist nur unheimlich und beängstigend, weil unbestimmbar.

Das Plädoyer des Nazismus gegen die Juden enthält zwei große Anklagepunkte: Schmarotzertum und Verschwörung. Einmal wird Zion als Geheimgesellschaft dargestellt und seine Mitglieder als Geheimagenten einer Gegenmacht, die die offiziellen Institutionen unterwandert und die Welt unter der Hand regiert. Ein andermal sind die Juden schädliche Bazillen, Blutegel, Spinnen oder Vampire, die den anderen Völkern langsam das Blut aussaugen. Polyp und Schmarotzer: diese Anti-Rasse wird nicht mit Tieren verglichen, sie hat nur Anspruch auf die Stufe noch unter den Tieren, auf die Stufe des Ungeziefers oder der Mikrobe. Diese Metaphern besagen – abgesehen davon, daß sie den Gipfel der Infamie darstellen –, daß der Jude kein minderwertiges Wesen, sondern ein nicht faßbares Wesen ist. Daß er überall ist, aber nicht zu sehen. Daß er anders ist, sich aber durch nichts unterscheidet. Daß er konspiriert und sich vermehrt, ohne sich jemals in der Öffentlichkeit zu zeigen. Daß er – schemenhaft und allgegenwärtig – der *Eindringling* ist, der die Krankheiten in die gesunden Gesellschaften trägt, und der *Unfaßbare*, der sich den Blicken und damit der Rache seiner Opfer immer wieder entzieht. Ach, würde er sich doch nur unterscheiden, welche Beruhigung für die Menschheit! Doch seine Identität besteht gerade darin, nicht identifizierbar zu sein. Der Judenhaß richtet sich gegen diesen ontologischen Verrat, diese grundlegende Heimatlosigkeit, diese Untreue gegen die eigene Natur, die ihm immer nur eine flüchtige, anfechtbare, unbestimmbare und unmöglich

167

auf einen bestimmten Bereich des Seins festzulegende Identität beschert. Der Jude ist weder Mensch noch Tier, also strenggenommen nichts. Und für ebendieses Verbrechen – keinen Platz im Sein zu haben, das Sein aber mit seiner unauffindbaren Gegenwart zu ruinieren – will die Endlösung ihn in ihrem methodischen Wahnsinn bezahlen lassen.

Woran sind die Juden schuld? An allem, antworten die Nazis. An den Naturkatastrophen und den Börsenkrächen. An den Überschwemmungen und der Arbeitslosigkeit. An der Armut, an den Kriegen und an den vielen verschiedenen Greueln, die über die Menschheit hereinbrechen und sie um ihr wohlverdientes Glück bringen. Die Nazis ballen sämtliche unheilvollen Kräfte in einer einzigen Nation zusammen und halten sich somit getreu an die alte Tradition des Sündenbocks. Sie meinen, ein großes reinigendes Werk zu vollbringen, wenn sie die Welt von dem jüdischen Pesthauch säubern. Denn der Jude ist für sie der von der Vorsehung geschickte Verantwortliche, das Sühneopfer für alles Elend. Und vor allem für jenes grundlegende Unheil, jene transzendentale Geißel, aus der alles übrige hervorgegangen ist: den Anderen. »Meine Freiheit hat nicht das letzte Wort, ich bin nicht allein«*: das ist der Skandal, das Unerträgliche. Mit den Juden haben die Nazis den Fluch der Andersheit vernichten wollen.

Natürlich waren ihre Anschuldigungen unsinnig, ebenso töricht wie die Versuchung, die gesamten Übel, die die Menschen bedrängen, in einem einzigen Objekt

---

* Emmanuel Lévinas, *Totalité et infini*, a.a.O., S. 74

zusammenfließen zu lassen. Die Wahrheit dieses Wahnsinns liegt darin, daß der Andere sich wie ein ungebetener Gast in unserer Existenz eingenistet hat und wie ein Dieb aus ihr flüchtet; daß unsere Schuld ihm gegenüber in dem Maße wächst, wie sie beglichen wird, und daß unsere Absicht, ihn in seinem Bild festzuhalten, dauernd vereitelt wird; daß der Andere als Fremder Quelle zweifachen Leides ist: der Schwere des Bindenden; der Leichtigkeit des Entweichenden. Unerbittliche Schwere. Unerträgliche Leichtigkeit. Und schließlich liegt die Wahrheit dieses Wahnsinns darin, daß der Andere sich wie ein Einbrecher seinen Tribut an Liebe holt, ohne uns zu Rate zu ziehen, ohne uns nach unserer Meinung zu fragen. Was ist dann der Nazismus? Der Haß auf diese ungewollte Liebe, die Auflehnung gegen diese ungleiche Bindung, gegen diese jedem Vertrag, jeder bewußten Überlegung vorausgehende Verpflichtung. *Gott mit uns*, sagten die Henker und machten die Vorliebe Gottes sowie die Heiligkeit ihrer Mission auf Erden nur geltend, um der *Wahl* des Nächsten zuvorzukommen. Gott ist mit uns, also sind wir niemandem irgendetwas schuldig; wir sind auserwählt, also hat unsere Freiheit das letzte Wort, statt von dem Anderen ausgewählt und eingesetzt, das heißt in Verantwortung ihm gegenüber umgewandelt zu werden. Dieser Begriff des *Gott mit uns* ebenso wie diejenigen des *Lebensraums* oder des *heiligen Egoismus* übersteigen die Ideologie: Sie treiben den Traum einer absoluten, von keinem Zwang gehinderten Souveränität auf die Spitze – die metaphysische Utopie einer Welt, in der der Mensch in seinem Sein erstrahlen, sich zu der ihm eigenen Gestalt emporschwingen und entfalten könnte, ohne jemals von etwas Menschlichem aufgehalten zu werden. Denn damit man selbst sein kann, darf – wie es vor gar nicht langer Zeit noch gesagt worden ist – der Andere nicht sein.*

Die Beschuldigungen des Schmarotzertums und der Verschwörung entbehren jeglicher Grundlage. So abwegig sie aber auch sein mögen, sie geben dennoch in der Sprache des Ressentiments die Unnahbarkeit und die Macht, dieses Vorrecht des Anderen über mich wieder (ob dieses Ich sich nun als Individuum, als Nation oder als Rasse begreift oder entwickelt). Im Haß auf den anderen Menschen liegt also mehr als jene von der Anmaßung des Universalen und dem stumpfen Festhalten an lokalen Traditionen diktierte Gebärde der Ausschließung: die Rachegelüste eines gestürzten Ich, das nach uneingeschränkter Macht strebt. Der Andere ist eine Verletzung, und der Antisemitismus setzt seinen Ehrgeiz darein, das Sein davon zu heilen, sie aus der Welt zu schaffen.

Die jüdische Nase

»Die große Herausforderung an die Moderne und ihre besondere Gefahr sind folgende: zum ersten Mal steht der Mensch dem Menschen ohne den Schutz der unterschiedlichen Situationen und Bedingungen gegenüber.«

---

* »Wir Araber, wir wollen *sein*. Nun konnen wir aber nur sein, wenn der *andere* nicht ist.« Ben Bella, *Revue de politique internationale*, Nr. 16, 1982, S. 108

170

Nach Tocqueville definiert auch Hannah Arendt hier die Moderne durch den Triumph des Gleichheitsprinzips. Modernität, das ist die »Gleichheit der Bedingungen« – nicht das Ende der Ungleichheit, sondern deren egalitäre Wahrnehmung. Privilegien und Disparität bestehen zweifellos nach wie vor, doch werden sie nicht zu wesensmäßigen Hierarchien erklärt. Die Menschen sind verschieden: das heißt jedoch nicht mehr, daß es viele verschiedene Menschheiten gibt. Statusunterschiede und die sichtbare Kluft zwischen den Individuen werden zugunsten ihrer Eigenschaft als Mitmenschen vernachlässigt. Dem modernen oder demokratischen Zeitalter kommt es weniger auf die konkreten Merkmale an, die die Menschen trennen, als auf ihre wahre Identität, die sie vereint: der Heterogenität der Verhaltensweisen und Rollen wird die Vorstellung des *einen* Menschen entgegengesetzt. Wenn es zum Beispiel immer noch Herrscher und Beherrschte gibt, so bilden sie keine geschlossenen Welten, keine Kasten, keine abgesonderten Völker mehr, die sich durch ein eigenes Wesen und eine andere Art der Intelligenz auszeichnen. Von den Vorrechten, die eine Gruppe vielleicht genießt, von der Macht, die sie vielleicht ausübt, leitet man nicht mehr unbedingt ihre naturgegebene Überlegenheit ab. Auch wenn Herr und Knecht entgegengesetzte Funktionen in der Gesellschaft erfüllen, erkennen sie sich im jeweils anderen wieder, anstatt spontan davon auszugehen, daß zwischen ihnen eine unüberwindliche Trennungslinie verläuft. Die wirtschaftliche Ungleichheit mag sich noch so sehr zuspitzen: die symbolische Ungleichheit löst sich auf. Die Ähnlichkeit rückt in den Mittelpunkt der zwischenmenschlichen Beziehungen.*

Und gerade wenn der Andere näherkommt, wenn er das Exotische, das ihn gleichzeitig entschärft, entfernt und erstarren läßt, ablegt, gerade dann hat sein Dasein die Macht, mich in Frage zu stellen. Gerade wenn ich ihn als meinesgleichen anerkenne, werde ich zu seinem Schuldner. Nur wenn sein Antlitz sich von seinen Eigenschaften unterscheidet, wenn es seine charakteristischen Merkmale transzendiert, dringt sein Befehl zu mir und belastet mich mit der Bürde seiner Existenz. Solange der Andere in seiner Andersartigkeit eingesperrt ist, entgehe ich seiner Bitte, seiner Aufforderung, seiner Mahnung, kurz, bin ich sicher vor seiner Andersheit. Ich bin ihm nichts schuldig. Ich kann ihn betrachten, mich über ihn lustig machen, ihn berühren oder sogar auf engem Raum friedlich mit ihm zusammenleben: ich brauche ihm keine Rechenschaft abzulegen; das Bild, das ich von ihm habe, droht nicht, sich in Fürsorge zu verkehren. Diese Begegnung läßt mein eigentliches Sein unberührt. Die Vertraulichkeit, die ich so großzügig bekunde, ist nur die andere Seite meiner völligen Fühllosigkeit. Erst wenn der Schleier der Andersartigkeit zerrissen ist, entsteht das schwindelerregende und unerwünschte Gefühl der Verpflichtung.

Seit wann *entrückt* man die Verrückten in den abendländischen Gesellschaften? Seit ihre Sonderbarkeit nicht mehr selbstverständlich ist. Seit ihr wunderliches Ver-

---

* Vgl. zu diesem Thema, François Furet, *Le système conceptuel de »la démocratie en Amérique«*, in: *L'atelier de l'histoire*, Paris 1982, und Marcel Gauchet, *Tocqueville, l'Amérique et nous*, in: *Libre* 7, 1980

halten und ihre geistige Umnachtung nicht mehr genügen, um ihnen eine grundsätzlich andere Natur zuzuschreiben. Die demokratische Wahrnehmung entläßt die Irren aus der Andersartigkeit, in der sie gefangen gehalten waren, mit der Folge, daß sie zum ersten Mal die Gesellschaft stören und diese zugleich für sie aufkommen muß. Aus diesem Unbehagen und aus dieser Verantwortung ist die Institution der Anstalt hervorgegangen, ein Mittelweg zwischen dem Bemühen, sich des Wahnsinns anzunehmen und dem Bedürfnis, sich ihm zu entziehen. Sich um die Geisteskrankheit zu kümmern heißt, sie zu isolieren und sich gleichzeitig mit ihr zu beschäftigen, sie zu behandeln, aber von ferne, sie zu akzeptieren und sich gegen sie zu wehren: das ist die Kompromißlösung angesichts »einer Andersartigkeit, die – so beginnt man undeutlich zu erkennen – zum Unglück der Menschen eine gemeinsame Zugehörigkeit nicht abwenden kann«.[*] Die Internierung der Irren bedeutet nicht den Ausschluß des Wahnsinns aus der menschlichen Gemeinschaft, sondern im Gegenteil seine Eingliederung. Solange eine absolute Verschiedenartigkeit den Verrückten von den vernünftigen Leuten trennte, war das Zusammenleben mit ihm möglich. Die Irren, Idioten und Behinderten hatten im Gemeinschaftsleben des voregalitären Europas nur Platz aufgrund »einer undurchdringlichen Absonderung vom Gros der Sterblichen«.[**] War diese Zäsur durch das Fortschreiten

---

[*] Marcel Gauchet, *Tocqueville, l'Amérique et nous*, a.a.O., S. 92
[**] Ebd., S. 91; siehe auch Marcel Gauchet und Gladys Swain, *La pratique de l'esprit humain*, Paris 1980

des demokratischen Verständnisses erst einmal aufgehoben oder verwischt, war das Nebeneinander nicht mehr
aufrechtzuerhalten: von etwas anderem als einem Menschen wurde der Irre zum anderen Menschen. Sobald er
keine Mißgeburt mehr war, konnte man nicht mehr *auf
ihn zeigen*. Seine Andersartigkeit konnte seine Andersheit nicht mehr bannen, und seine exotische Abnormität
konnte die Schuld des normalen Menschen ihm gegenüber nicht mehr verbergen. Hinter dem Spektakel des
Irrsinns kam der Andere zum Vorschein, und die Anstalt
zeugt von der ambivalenten Haltung, die die Moderne
dieser Metamorphose gegenüber einnimmt.

Im Namen dieses »unaufhaltsamen Vormarsches der
Gleichheit« glaubte Tocqueville den Rückgang der Gewalt und die Verfeinerung der Sitten voraussehen zu
können. Ein Jahrhundert und zwei Weltkriege später
analysiert die Autorin der *Elemente und Ursprünge tota-
ler Herrschaft* die gewalttätigen Reaktionen auf das Entsetzliche in der direkten Begegnung des Menschen mit
dem anderen Menschen. Lesen wir noch einmal den Satz
von Hannah Arendt: Die Krise der Andersartigkeit,
schreibt sie, ist nicht nur das Kennzeichen, sondern die
spezifische Gefahr der Moderne. Es ist schwieriger, dem
Menschen entgegenzutreten, der sich von seiner conditio
emanzipiert hat, als dem Menschen, der sich durch sie
definiert. Warum? Weil er plötzlich ein Antlitz hat und
ich dadurch eine Verantwortung. Mein Mitmensch ist
mein Bruder – ich muß für ihn aufkommen, sobald mich
nichts mehr vor seiner Menschlichkeit schützt. Er droht
sich mir als Anderer zu präsentieren, das heißt als Gläu-
biger, wenn es mir nicht mehr möglich ist, ihn in seiner

Stellung oder in seiner Rolle einzuschließen. Diese viel-
gestaltige Gefahr für die Sicherheit des Seins hat einen
Gegenangriff provoziert, dessen buchstäblich *vollen-
detste* Errungenschaft der Antisemitismus war.

»Alles scheint unmöglich oder furchtbar schwierig«,
schreibt Charles Maurras, »ohne diese Fügung des Antisemitismus. Sie bringt alle Dinge wieder in Ordnung,
glättet und vereinfacht sie.« Denn im Juden entdeckt die
Modernität die Ursache ihrer Krankheit und zugleich
das Heilmittel. Er höhlt geduldig und im verborgenen
die hierarchischen Strukturen aus, er ist der Regisseur
ihres Niedergangs und die Kontrastfigur, die – in der
Einbildung – ihre Wiederherstellung ermöglicht. Die
Krankheit wird in einem Zug diagnostiziert und geheilt:
der Jude und seine untergründigen Machenschaften sind
schuld, wenn man nicht weiß, woran man sich halten
soll, wenn die traditionelle Gesellschaft zusammen-
bricht und wenn die Menschen sich in Ungewißheit
gegenüberstehen. Dank der Vorstellung vom Juden geht
der Kelch der Nähe an ihnen vorüber, löst der Nebel sich
auf und teilt die Welt sich in geschlossene Provinzen auf,
in heterogene Gattungen, in hierarchisch gegliederte
»Wir«, die keine Verbindung miteinander haben. Der
Jude ist der Schmied der Unordnung und der Nutznießer
der neuen Ordnung.

Wenn die Moderne im andersgearteten Menschen
den Nächsten entdeckt und sich an die Auflösung der
gesellschaftlichen Rahmenbedingungen macht, stellt
sie die Individuen auf zweifache Weise in Frage: Sie
können sich selbst nicht mehr einer Gesellschaftsordnung überantworten, die ihnen ihren Platz zuweist und

sie der Tradition unterwirft; sie haben keine Ruhe vor dem Anderen, können sich nicht mehr auf ein System verlassen, das alle Verbindungen regelt und die zwischenmenschlichen Beziehungen bis ins kleinste normiert. Der Antisemitismus erledigt zwei Unerwünschte – die individuelle Freiheit und die universelle Nähe – auf einen Streich.

Der Antisemit freut sich guten Gewissens und ungestraft des Seins. Verantwortung übernehmen? Er hat schon im voraus die Entschuldigung für seine eigenen Mißerfolge. Sein Antisemitismus macht ihn zum Mitglied einer Elite, aus der er nicht herausfallen kann, weil er ihr kraft der Privilegien von Instinkt und Vererbung angehört. Die Weisheit seiner Ahnen lenkt unfehlbar seine Schritte. Der mystische Glaube an die Verwurzelung feit ihn gegen die Anfechtungen des Zweifels: im Grunde genügt es für ihn, zu existieren oder – wie eine Pflanze – zu wachsen, um überall seine Genialität, seine höhere Sensibilität kundzutun. Die Auszeichnung bleibt ihm für alle Zeiten, und kein Zufall, kein falscher Schritt können ihm die Freude daran rauben.

Was die Stiefkinder dieser Aristokratie – Juden oder sogenannte »Verjudete« – betrifft, so verpflichten sie zu nichts als zur Selbstverteidigung, da ihr Menschsein eine Lüge und ihre Nähe eine unzulässige Aggression ist. Man höre nur Barrès, wie er den Hauptmann Dreyfus am Tage seiner Degradierung beschreibt: »Als er auf uns zukam, mit dem Käppi in der Stirn und dem Kneifer auf seiner jüdischen Nase, mit wütendem, abweisendem Blick, mit strenger Miene und hocherhobenen Hauptes, rief er aus – was sage ich? – befahl er mit unerträglicher

Stimme: ›Sie werden ganz Frankreich noch sagen, daß ich unschuldig bin.‹«*

Die Zeremonie ist soeben beendet: Dreyfus' Kleider sind zerfetzt, sein Säbel zerbrochen, die Tressen an Käppi und Ärmeln, die roten Streifen an der Hose, die Epauletten abgerissen und zu Boden geworfen. Dreyfus ist nichts als ein Mann ohne Auszeichnungen, ohne Rang, ohne Eigenschaft. Und in eben dem Augenblick, da er – jeglicher Dekoration beraubt und völlig mittellos – Gerechtigkeit fordert, fällt Barrès über seine Stimme her, über seine Nase, diesen anklagenden Höcker, und über den Ausdruck in seinem Blick. Er bekleidet ihn hastig mit rassischen Merkmalen, um seiner Bestimmung zu entgehen und Dreyfus für die Menschlichkeit zu bestrafen, die die Nacktheit seines Antlitzes in ihm, Barrès, erweckt. Die uralte Abneigung gegen die Juden gipfelt hier in der Auflehnung gegen die soziale Bindung. Nicht die Andersartigkeit verabscheut Barrès in Dreyfus, sondern die Nähe, die Verlassenheit, die Not, die »mit unerträglicher Stimme« an ihn appelliert. Darum kerkert er ihn so brutal in seine Andersartigkeit ein.

Der Haß auf den anderen Menschen (für den der Antisemitismus das Modell liefert) ist weniger die Zurückweisung der Vielfalt, er verrät vielmehr die Zurückweisung der dem Ich zugefallenen Verantwortung.

* Zitiert nach J.D. Bredin, *L'Affaire*, a.a.O., S. 13

Nun wird die Paradoxie verständlich, der Gegensatz aufgehoben zwischen »einem von der Vorahnung und dem Erinnern des nazistischen Schreckens überschatteten Leben«* und einem Werk, das dem Realismus das Erstgeburtsrecht abspricht und zu behaupten wagt: der Mensch ist des Menschen Nächster. Denn der nazistische Schrecken stellt gerade die methodischste und irrsinnigste Anstrengung dar, die jemals unternommen wurde, dieser unerträglichen Nähe ein Ende zu setzen.

Und was besagt nun der Begriff des Nächsten? Daß vom Menschen zum anderen Menschen eine Solidarität besteht, »eine Verpflichtung, älter als jede denkbare Entscheidung«.** Daß der andere Mensch – ungeachtet seiner Herkunft oder seiner Eigenschaften, und bevor man ihn überhaupt identifizieren kann – in seiner schutzlosen Nacktheit, in seiner absoluten Schwäche das Gebot »Du sollst nicht töten« verlautbaren läßt. Hier ist die tiefe Inspiration der demokratischen Revolution wiederzuerkennen. Und wenn die Nationalsozialisten nach der Erprobung ihrer Vernichtungsmethoden an Geisteskranken die Ausrottung der Zigeuner und Juden – Völker ohne Armee, ohne Land, ohne Staat, Völker ohne die für die Nationen üblichen Waffen – in Angriff genommen haben, dann nicht nur, um die Wut oder die Enttäuschung der geknechteten Massen auf die

* Emmanuel Lévinas, *Difficile Liberté*, a.a.O., S. 374
** Emmanuel Lévinas, *Philosophie, justice et amour*, in: *Esprit*, August/September 1983, S. 16

Schwächsten zu lenken. Dieser Haß reichte über seinen eigenen Machiavellismus hinaus. Die Nazis hatten es auf den Nächsten als solchen abgesehen, auf jene Schwäche, die das Leben bedroht, die es auffordert, sich zu rechtfertigen, die ihm die Entfaltung und Bestätigung seiner Macht untersagt. Auf jenes beschämende Elend, auf jene Ohmacht, die der Kraft das Recht verweigert, zu erobern, zu unterjochen und sich zu bereichern – kurz: sich selbst keinerlei Schranken aufzuerlegen. Man mußte sich also wohl auf einen gnadenlosen Kampf einlassen, einen Kampf auf Leben und Tod mit der Schwäche, damit »die zähe, wilde und harte Jugend mit der Kraft und der Schönheit junger Raubtiere«, von der Hitler träumte, zum Vorschein kommen konnte.

Von dieser Stärke der Schwäche legen die Nazis auf doppelte Weise Zeugnis ab. Durch den Wahn ihres Antisemitismus und durch die bürokratische Teilnahmslosigkeit bei ihrem Vernichtungswerk. Durch die Radikalität ihres Plans und durch die Banalität seiner Durchführung. Durch die Irrationalität ihres Diskurses und durch die kaltblütige Rationalität ihrer Methoden. Durch die besinnungslose Raserei ihrer Ideologie und durch den gewissenhaften Eifer ihrer Beamten. Denn der archaische Sprachschwachsinn und die hochmoderne Leistungsfähigkeit der Technik entspringen ein und demselben Wunsch: den Nächsten abzuschaffen, ihn *durch* den Mord auszulöschen, um ihn für sein Antlitz zu bestrafen, und ihn *aus* dem Mord selbst zu löschen, um sich im entscheidenden Augenblick, in dem man ihn umbringt, seinem Antlitz entziehen zu können.

Wie haben sie das gemacht? Wie hat in Auschwitz, in

Chelmno, in Treblinka, in Belzec, in Sobibor, in Maidanek das Unvorstellbare alltäglich werden können? Welcher Zauber hat die mit der Endlösung Beauftragten – größtenteils gute Väter und Ehemänner – dazu bringen können, den Völkermord zu ihrem Alltag zu machen, sich an der Ermordung von Millionen und Abermillionen Menschen zu beteiligen und dabei jede Empfindung einer menschlichen Zusammengehörigkeit gleichsam auszusperren? Franz Stangl, von März bis September 1942 Kommandant in Sobibor und von September 1942 bis August 1943 in Treblinka, gibt der Journalistin Gitta Sereny darauf folgende Antwort:

Sehen Sie, ich sah sie kaum als einzelne. Sie waren immer eine riesige Masse. Manchmal stand ich auf dem Erdwall und beobachtete sie auf ihrem Weg durch den Schlauch. Aber – wie soll ich es Ihnen erklären – sie waren nackt, aneinandergepreßt; sie rannten, mit Peitschen angetrieben wie . . .*

Und Gitta Sereny faßt zusammen: »Es kam klar heraus, daß die Menschen, sobald sie in den Ausziehbaracken, das heißt, sobald sie nackt waren, für ihn aufhörten, menschliche Wesen zu sein. Was er ›um jeden Preis vermied‹, war Zeuge des Übergangs zu sein.«**

Zauber der Zusammenpferchung und der Nacktheit: es wird eine Welt geschaffen, in der alle Menschen austauschbar, gleichartig und gleichbedeutend sind. *Entblößen* und *zusammenpferchen*, diese zweifache, scheinbar rein funktionelle Geste nimmt den Personen das

* Gitta Sereny, *Am Abgrund. Eine Gewissenserforschung. Gespräche mit Franz Stangl*, Frankfurt/Berlin/Wien 1979, S. 224
** Ebd., S. 226

geheimnisvolle Privileg, das ihr Antlitz ihnen verleiht. Ein einmaliges, unersetzliches Dasein wird zu einem beliebig reproduzierbaren Exemplar oder Muster degradiert. Etwas, das die Macht besaß zu beschämen, den Tötungstrieb zu hemmen und Spontaneität in schlechtes Gewissen zu verwandeln, ist nur noch irgendein kleines Stückchen Haut. Zusammengedrängt und nackt – sei es in einem Konzentrationslager, an einem Nudisten-Strand oder auf der Bühne eines Avantgarde-Theaters, auf dem Tiefpunkt der Knechtschaft oder auf dem Höhepunkt der Freiheit – verlieren die Menschen sowohl die Eigentümlichkeit, die sie voneinander unterscheidet, als auch die Ähnlichkeit, die sie einander näherbringt: weder gleichartig noch andersartig, sondern *gleich*, nehmen sie die radikale Gleichheit, zu der der Tod sie verdammt, vorweg.

Allein durch das Zusammenpferchen von Leibern verschwimmen die Umrisse, es gibt keine Abgrenzungen mehr: der einzelne wird von der Menge verschluckt, das Gesicht hebt sich nicht mehr vom Rest des Körpers ab. Die menschliche Gestalt wird kompakt, sie präsentiert sich als ein Ganzes: die unterbrochene Kontinuität zwischen dem bekleideten Körper und der Nacktheit des Antlitzes wird wiederhergestellt. Mehr noch: der Körper erfaßt das Gesicht und überzieht es gewissermaßen mit seiner eigenen Nacktheit. Wenn der Körper nackt ist, ist das Gesicht es nicht mehr; oder vielmehr es ist dann auf dieselbe Art und Weise nackt wie der Körper. Sie sitzen beide in demselben Boot, und der Körper dehnt seine Nacktheit bis zu den Haaren aus. Die Masse ist ein kollektiver Körper, der die Eigenarten schluckt, der Körper eine organische Masse, die das Antlitz verschlingt.

Um diejenigen, die sie töten wollten, nicht sehen zu müssen, beraubten die SS-Leute sie also ihrer Kleider. Abgesehen von allen Gründen der Zweckmäßigkeit, die man anführen könnte, um das Entkleiden der Vergasten zu erklären, geht es hier doch wohl darum, die Persönlichkeit durch die physische Präsenz zu verdecken, wohl darum, das Von-Angesicht-zu-Angesicht von Stärke und Antlitz zu verhindern. Zweifach *einverleibt* – zwangsverpflichtet in ihren eigenen Leib sowie in die Masse, die sie zusammen mit den anderen Verurteilten bilden – sind die Opfer vernichtet noch ehe sie gestorben sind, und ihre Ermordung kann den Zustand des »déjà-mort«, in den ihr Leben nun übergeht, höchstens noch bestätigen. Dem zusammengepferchten und mit dem »Totenhemd«* seiner Nacktheit bedeckten Anderen bleibt nichts: keine Seele, keine Individualität, keine Transzendenz, nichts Heiliges, das es zu achten gälte, kein Hindernis mehr in ihm, das seiner Zerstörung im Wege stände. Die nackte Menge hat über seine Unantastbarkeit gesiegt.**

---

* Milan Kundera, *Das Buch vom Lachen und vom Vergessen*, Frankfurt/Main 1980, S. 295

** Es ist also nicht nur anstößig, sondern geradezu absurd, das Funktionieren der Lager und das Verhältnis zwischen Opfern und Henkern durch sexuelle Perversion erklären zu wollen. In der erotischen Nacktheit wird der Leib des Anderen ganz und gar Antlitz, und die sexuelle Beziehung ist das Erlebnis seiner Unantastbarkeit. Die Nacktheit des Konzentrationslagers hat genau die umgekehrte Aufgabe, nämlich das Gesicht des Anderen von seinem Körper verschlingen zu lassen.

Wie Höss in Auschwitz, wie Eichmann in seinen Berliner Büros und wie die unzähligen Techniker der Ausrottung auf allen Ebenen, hat Franz Stangl *sich auf seine Arbeit konzentriert*. Dank eines Vernichtungssystems, das – Wunder der Technik – das Antlitz der Opfer bannte, brachte Stangl es fertig, im Mord selbst den Mord zu vergessen: der Genozid wurde eine routinemäßige Apokalypse, ein Tätigkeitsbereich wie andere auch, losgelöst von den Elementen seiner eigenen Realität, dem Gesetz des Ertrags unterworfen und vor allem damit beschäftigt, seine Leistungen zu steigern, die eigenen Rekorde zu brechen. Man könnte das vielleicht als abstraktes Morden bezeichnen, so wie Marx von abstrakter Arbeit spricht, um darauf hinzuweisen, daß die Arbeit von einem gewissen Punkt an nicht mehr mit dem Individuum als dessen besondere Bestimmung verschmilzt, sondern sich von den vielfältigen Formen, die sie annehmen kann, löst.

Die Gleichgültigkeit gegen die bestimmte Arbeit entspricht einer Gesellschaftsform, worin die Individuen mit Leichtigkeit aus einer Arbeit in die andere übergehn und die bestimmte Art der Arbeit ihnen zufällig, daher gleichgültig ist.*

Mit dem Nazismus breitet sich dieses buchstäblich entfesselte Prinzip der Gleichgültigkeit überall aus, bis in einen Bereich, der diesem Prinzip vollkommen verschlossen zu sein schien: der Haß auf den anderen Menschen. Sogar die Barbarei ist eine Arbeit, sofern nur der Kontakt zwischen den Mördern und ihren Opfern ein-

* Karl Marx, *Grundrisse der Kritik der politischen Ökonomie*, Frankfurt/Main 1969, S. 25

geschränkt wird und sich letzteren niemals die Gelegenheit bietet, persönlich, *mit unverhülltem Gesicht* in Erscheinung zu treten.

Mit anderen Worten, die Nazis haben es verstanden, überall – auch bei den konkretesten Vorgängen der Endlösung – das Von-Angesicht-zu-Angesicht aufzuheben. Bis zum äußersten haben sie die Logik der *Überwachung* getrieben, die sich selbst unsichtbar und »den Gesellschaftskörper zum Wahrnehmungsfeld macht«*, sowie die Logik der *Abstraktion*, die es ermöglicht, sich der Gegenwart und dem Blick derjenigen, über die man eine totale Macht ausübt, zu entziehen. Einerseits wurden die Lagerhäftlinge in »einem bewußten und permanenten Sichtbarkeitszustand«** gehalten; andererseits versah man sie mit Nummern, gruppierte und entkleidete sie dann im Augenblick der Vernichtung, so daß sie ihre menschliche Gestalt verloren und sich *nicht mehr voneinander unterschieden.* Auf diese Art und Weise haben die Nazis die universale Herrschaft der Verwaltung errichtet: die Möglichkeit, die Menschen zu kontrollieren und sich zugleich von ihnen abzuwenden; ein Blick, der kein Gesicht, und eine Macht, die kein Gegenüber hat. Die Bürokratie befreit die Behandlung der Menschen bekanntlich von den Unwägbarkeiten der direkten Beziehung und von den Skrupeln, die aus der Nähe erwachsen können. Der Nazismus hat diese Gleichstellung durch die Verlegung des Massenmordes in den

---

* Michel Foucault, *Überwachen und Strafen*, Frankfurt/Main 1976, S. 258
** Ebd., S. 275

Kompetenzbereich der Bürokratie zur Vollendung gebracht.

Alles war Franz Stangl nicht erlaubt: die Abgeschlossenheit des Konzentrationslagers war für ihn nicht die ersehnte Möglichkeit, Tabus zu überschreiten oder Hemmungen fallen zu lassen. Keine übermäßige Aggressivität in seinem Verhalten. Er hatte nichts von einem Sadisten und im übrigen hätte er eine so mühsame und langwierige Arbeit auch nicht nur der Wildheit seines Trieblebens überlassen können. Alles war ihm nicht erlaubt, weil aber das Antlitz seiner Opfer neutralisiert war, war ihm alles möglich. Alles, das heißt die Überschreitung der Grenzen, innerhalb deren das Böse bleibt, solange es sich aus der Wut speist und nur dem Drang der Grausamkeit folgt. Alles, das heißt die Erfindung einer gewissenhaften Art, gewissenlos zu sein, die Übertragung von Produktionsnormen auf die Vernichtung von Menschen, die geschäftsmäßige Beurteilung des Völkermordes, die Verschmelzung von Mord und industrieller oder Verwaltungsarbeit zu einer einzigen Tätigkeit. Nur in einer Welt ohne Antlitz kann der absolute Nihilismus sein Reich errichten.

Sechstes Kapitel

Wer ist der Andere?

Epitaph für Germana Stefanini

Wenn ich dem anderen Menschen direkt gegenüberstehe, statt mit ihm über eine gemeinsame Aufgabe in Berührung zu kommen, erhebt sein Antlitz Anspruch auf mich. Wenn nichts Vermittelndes zwischen uns steht und seine Funktion, seine Stellung oder die besonderen Kennzeichen, die ihn umschreiben, mich nicht mehr vor seiner Gegenwart schützen, wenn der Andere sich *in allernächster Nähe* darbietet, beordert er mich zu seiner Schwäche, macht er mich auf der Stelle zu seinem Schuldner. Er will – welch horrende Forderung –, daß ich für ihn sei, bevor ich für mich bin. Er scheint meiner Macht preisgegeben zu sein, aber dadurch, daß er sich mir anvertraut, werde *ich* aus meiner Ruhe gerissen, werde ich gestellt und hochnotpeinlich befragt. Je stärker er meiner Willkür ausgeliefert ist, desto dringender wird seine Mahnung, ihm zu Hilfe zu eilen. »Das Antlitz des Nächsten verfolgt mich mit seinem Elend. ›Es sieht mich an‹, alles in ihm sieht mich an, nichts ist mir gleichgültig.«*

Der Haß ist eine der denkbaren Reaktionen auf diese Aufforderung. Haß, das heißt viel mehr als egoistische Triebe oder die Ablehnung von Unterschieden. Die Abneigung gegen den anderen Menschen entspricht der Schuld, die ich ihm gegenüber eingegangen bin: unendlich und nicht wieder gutzumachen. Genau dies lehrt uns der Nazismus, will man in ihm nicht nur eine geschicht-

---

* Emmanuel Lévinas, *Autrement qu'être ou au-delà de l'essence*, a.a.O., S. 118

liche Episode, sondern das Zutagetreten einer Möglich-keit des Menschen sehen.

Doch wir wollen ein letztes Mal auf den Prozeß der Brigadisten gegen Germana Stefanini, Aushilfswärterin im Gefängnis von Rebbibia, zurückkommen. Sie versucht sich zu verteidigen? Sie bricht in Tränen aus? Sie flüchtet sich in die Bestürzung? »Du rührst uns nicht«, entgegnen ihr ihre Richter, denn sie hören das Geständnis, das sich hinter Germanas Schweigen oder ihre ungeschickten Rechtfertigungen verkrochen hat. Noch bevor ihre Macht Germana hinrichtet, hat ihr Wissen sich ihrer bemächtigt: Germana wird von den Terroristen auf ihre repressive Funktion festgelegt, so wie Dreyfus in Barrès' Augen in seiner Zugehörigkeit verwurzelt und zum Verrat bestimmt ist, wenn auch vielleicht nur durch seine »jüdische Nase«, diese Schuld, die mitten aus seinem Gesicht hervorspringt. Die einen wie die anderen, die verrückten Erben des Kommunismus wie die ersten Vorläufer des nazistischen Schreckens, zerschlagen im Namen der Erkenntnis, die sie über ihre Feinde zu besitzen glauben, jede soziale Verbindung – auch die rechtliche Beziehung – mit diesen Feinden. Wenn das Vorgehen auch gleich ist, wenn in beiden Fällen die Soziabilität auch durch ein Pseudo-Wissen (das wir weiter oben Dummheit genannt haben) zerstört wird, so streben die Motive doch völlig auseinander. Während Barrès »die Kraft, die sich nur nach ihren eigenen Gesetzen entwickelt«, als Recht bezeichnet und die Nazis die Hindernisse, die der Expansion ihres Seins im Weg stehen, eliminieren, stellen Germanas Richter ihr Sein in den Dienst des Proletariers, des Armen, desjenigen, dem

alles genommen wurde und der Wiedergutmachung verlangt. Erstere wollen »Wir« sagen können, ohne daß
irgendwelche Skrupel die Ausbreitung ihrer Lebenskraft
bremsen oder behindern. Um fraglos und in einem ele-
mentaren Sinne ein reißender Strom* oder eine frei sich
entfaltende Energie zu sein, zerstören sie in sich die
Schwäche, für einen Anderen zu sein. Die Zweiten dagegen opfern sich im Gegenteil aufrichtig überzeugt für die
Schwachen und Verlorenen auf. Sie töten nicht den Anderen, sondern *für den Anderen*, aus Treue zu ihrer
ethischen Bestimmung und nicht in offener Rebellion
gegen diese Verantwortung, die sie nicht gewählt haben.
Sie morden nicht, um das Joch der Moral abzuschütteln
oder indem sie wie Barrès sagen, »ich lehne mich auf,
wenn das Gesetz nicht das Gesetz meiner Rasse ist«,
sondern aus moralischer Verpflichtung. In ihrem Kampf
gegen die Ausbeutung, gegen die Händlergesellschaft
wollen sie nicht ihr Engagement für den Nächsten auf-
kündigen, sondern ihm bis zum bitteren Ende Ehre machen, es in effektive Großzügigkeit umsetzen. Das Leiden
der einfachen Leute, die Lage der Elenden und Hungern-
den rechtfertigen in ihren Augen Germana Stefaninis Verurteilung zum Tode. Im Namen der Witwen und Waisen
fallen sie über eine Behinderte her. Diese Terroristen
verstehen sich ebenfalls als Kämpfer; doch nicht der
Wille zur Macht treibt sie in den bewaffneten Kampf
oder genauer: vermittelt ihnen die Illusion, Krieg zu

---

* Vgl. Jean-Paul Sartre, *Betrachtungen zur Judenfrage*, Zürich 1948:
»Der Antisemit ist ein Mensch, der unerbittlicher Fels, reißender
Strom, verheerender Blitz sein will: alles, nur kein Mensch.«

führen, wenn sie ein wehrloses Wesen töten –, sondern der Wunsch nach Gerechtigkeit für die Millionen, von einem ungerechten System in Armut gehaltenen Menschen. Sie fühlen sich verpflichtet, gefordert, angefeuert von den Verdammten dieser Erde. Sie wollen die aufopfernden Hüter ihrer leidenden Brüder sein. Germana kann sie nicht rühren, denn sie wissen, wer sie ist, und dieses unerbittliche Wissen wird ihnen von der Solidarität mit den Opfern der Unterdrückung diktiert. Dieser schändliche Mord ist ihre Art, sich in den Dienst des Volkes zu stellen, vor die Besitzlosen zu treten und ihrem Aufruf – ganz konkret – Folge zu leisten. Sie entziehen sich der Rührung im Namen einer höheren Liebe. Die Brüderschaft mit denen, die nichts haben, führt sie dazu, Germana aus der menschlichen Gemeinschaft zu streichen.

Du rührst uns nicht: Wir stehen den Unterdrückten zu nahe, um dir den Namen Nächster zuzugestehen, wir lieben die Unglücklichen zu sehr, um für deine Verzweiflung Verständnis zu haben und uns durch eine noch so flüchtige Verbindung mit dir aus der unerschütterlichen Ruhe unseres Wissens über dich aufstören zu lassen. Die Liebe schützt uns vor der Liebe. Das Engagement bewahrt uns vor den Unwägbarkeiten der sozialen Beziehung.

Um gegen die totalitäre Versuchung gefeit zu sein, genügt es also nicht, ein für allemal und unter allen Umständen Partei für die Opfer der Ausbeutung zu ergreifen. Abels Lager kann ebenso mörderisch sein wie Kains Gewalt, und die arme Germana Stefanini nimmt ihren Platz ein neben den Millionen und Abermillionen

Menschen aller Klassen und aller Konfessionen, die derselben Liebe für den anderen Menschen zum Opfer gefallen sind.

Das eifernde Mitgefühl

Lange vor Lenin und seiner vielfältigen Nachkommen-
schaft hat Robespierre als erster die Schreckensherrschaft auf die Liebe für die Unglücklichen gegründet.
»Wir gehen mit den Unterdrückern sanft um«, sagte er,
»weil wir kein Herz für die Unterdrückten haben.« Er
hat also *das Mitgefühl wieder auf die Beine stellen* wollen und sich, aus Liebe zur leidenden Menschheit, all
denen gegenüber schonungslos erwiesen, die – Verräter
oder Feinde – sich gegen sie verschworen haben. Angefangen mit dem Unterdrücker Nummer eins, dem Volksfeind par excellence: Louis Capet, sechzehnter seines
Namens. Als der Konvent die heikle Frage des »Prozesses gegen Ludwig XVI.« in Angriff nimmt, stellt Robespierre – zu diesem Zeitpunkt noch einfacher Abgeord-
neter der Bergpartei – sich sogleich auf die Seite der
Unerbittlichsten. Ihm zufolge darf man den König nicht
richten – das wäre ein unannehmbares Zugeständnis –,
sondern muß ihn unverzüglich hinrichten.

Der Vorschlag, Ludwig XVI., auf welche Weise auch immer,
den Prozeß zu machen, bedeutet einen Rückfall in den könig-
lichen und konstitutionellen Despotismus; das ist eine konter-
revolutionäre Idee, denn es bedeutet, die Revolution selbst in
Zweifel zu ziehen. Wenn Ludwig nämlich noch Gegenstand
eines Prozesses sein kann, so kann er auch freigesprochen

werden; er kann unschuldig sein; was sage ich! er gilt als unschuldig, bis er gerichtet ist: aber wenn Ludwig freigesprochen wird, wenn er als unschuldig gelten kann, was wird dann aus der Revolution?*

Die Revolution hat den König abgesetzt und das Volk zum Souverän ausgerufen. Würde man nun über Ludwig XVI. urteilen, würde man ein Gericht einberufen, Zeugen vernehmen, sorgsam die Regeln des Strafverfahrens befolgen, auch diesem Angeklagten den allen Bürgern von einem Regime, das gerade erst Tyrannei und Willkürherrschaft niedergeworfen hat, zugesicherten Schutz gewähren, dann würde man im Namen des Rechts die Autorität der entschiedenen Sache anfechten. Die gewissenhafte Beachtung der Legalität würde schamlos die Legitimität des revolutionären Urteils zur Debatte stellen. Darin also liegt der Skandal: die Befürworter des Prozesses wollen umkehren, sich dem Gang der Geschichte entgegenstellen, Opfer und Schuldige herausfinden, als ob das Volk diese Frage nicht schon gelöst hätte, als es seine Ketten sprengte.

Das Recht, den Tyrannen zu strafen, und dasjenige, ihn zu entthronen, sind ein und dasselbe; das eine beinhaltet keine anderen Formen als das andere. Der Prozeß gegen den Tyrannen, das ist der Aufstand; seine Verurteilung ist der Niedergang seiner Macht; seine Strafe diejenige, die das freie Volk fordert.**

Die Revolution schlägt die Feinde des Volkes; die Rechtsprechung soll ihr Vergehen beurteilen und über ihr Los

* Maximilien Robespierre, *Textes choisis*, Paris 1973, S. 74
** Ebd., S. 75

befinden. Revolutionäres Vorgehen und rechtliches Vorgehen klaffen also auseinander, widersprechen sich. Entweder ist noch die Urteilsfindung an der Tagesordnung oder man ist bereits bei der Bestrafung angelangt. Entweder – und das ist die Revolution – muß das Verdikt des Volkes gegen seine Unterdrücker auf der Stelle in die Tat umgesetzt werden; oder dieses Verdikt steht noch aus, und kein entscheidendes Ereignis hat dem Verbrechen und der Tyrannei ein Ende gesetzt. Mit einem Wort, entweder hat die Revolution den König schuldig gesprochen oder die Schuld des Königs bleibt ein Problem, und es gibt ein Gericht, bei dem man gegen das Urteil des Volkes Berufung einlegen kann.

Zwei Jahrhunderte später wenden die Roten Brigaden Robespierres Prinzip bei Germana Stefanini an. Sie verhören sie, nachdem sie sie bereits verurteilt haben. Sie kennen im voraus Germanas wahres Gesicht, wissen zu welchem Lager sie gehört. Sie stellen ihr nur Fragen, auf die sie die Antwort schon haben. Sie sehen der Person Germana nicht ins Gesicht, ihr bohrender Blick sieht die Funktion, das heißt hinter der scheinbaren Schwäche die Stärke eines unbarmherzigen Systems. Germana zu richten, sich nach ihrer Schuld zu fragen, würde bedeuten, daß sie als unschuldig gilt, daß man die Leiden der »inhaftierten kommunistischen Proletarier« vergißt und zu guter Letzt die Notwendigkeit der Revolution in Zweifel zieht. Die Verantwortung der Terroristen angesichts des menschlichen Elends – ihr eiferndes Mitgefühl – enthebt sie jeder Verpflichtung gegenüber der vorgeführten Angeklagten: Germanas Prozeß kann also nur noch die feierliche Vorbereitung ihrer Tötung sein.

Der Vergleich zwischen Louis Capet und Germana Stefanini wirkt vermutlich ungerechtfertigt und schockierend. Er verkörperte als Volksfeind par excellence das Ancien régime und hatte sich tatsächlich gegen die Revolution verschworen. Ihre ganze Unterdrückung bestand darin, Pakete an die Häftlinge eines italienischen Gefängnisses auszuteilen. Den Monarchen zu töten, bedeutete aus Robespierres Sicht, ein Zeichen für den Bruch mit der alten Welt zu setzen und das begonnene Werk abzusichern; Germana zu töten bedeutete nicht einmal, den Kapitalismus zu destabilisieren. Und doch: dieselbe Liebe für den anderen Menschen bricht über den Despoten und die Behinderte herein und verweigert beiden aus denselben Gründen den Schutz des Gesetzes.

Seit 1793 prangert Condorcet die Gewalttätigkeit des eifernden Mitgefühls an. Denn die von Robespierre vertretene These der rechtmäßigen Hinrichtung stößt nicht nur die ab, die voller Nostalgie auf den Thron zurückblicken. Sie wird ebenso heftig von »dem letzten Philosophen des großen 18. Jahrhunderts«* bekämpft, der es auch als erster von den Revolutionären gewagt hat, nach der Flucht des Königs für die Errichtung der Republik einzutreten.

In einem Fall, in dem eine ganze beleidigte Nation zugleich Klägerin und Richterin ist, ist sie der Meinung des Menschengeschlechtes sowie derjenigen der Nachwelt über ihr Verhalten Rechenschaft schuldig. Sie muß sagen können: sämtliche von

* Jules Michelet, Histoire de la Révolution française, Paris 1979, Bd. 1, S. 518

den aufgeklärten Menschen aller Länder anerkannten Prinzipien der Rechtsprechung sind respektiert worden. Sie muß darauf wetten können, daß auch der blindesten Parteilichkeit keine einzige nicht eingehaltene Maxime der Rechtlichkeit anzuführen bleibt.*

Anders gesagt, der König muß nicht nur gerichtet werden, sondern sein — beispielhafter — Prozeß muß auch noch »die unbedeutendsten Forderungen von Recht und Billigkeit einhalten«. Nur unter dieser Bedingung hat das neue Regime das alte wirklich verabschiedet, war 1789 ein wirklich grundlegendes Ereignis. Als die Revolution Ludwig XVI. stürzte, wollte sie die Allmacht des Fürsten durch die Herrschaft des Rechts ersetzen. Wenn die Revolution den Fürsten nun gar nicht oder nur auf die Schnelle richtet, würde sie sich selbst desavouieren und gewissermaßen beweisen, daß sie nicht wirklich stattgefunden hat. »Diejenigen, die das öffentliche Geschrei gerichtet hatte, ohne vorherige Untersuchung umzubringen«**, wie Robespierre es immer wieder fordert, das würde bedeuten, zum Despotismus zurückzukehren, in die Barbarei *zurückzufallen*, sich den König zwar vom Halse zu schaffen, aber das Regime, das er verkörpert, intakt zu lassen.

Der eigentliche Tyrannenmord der Revolution liegt für Robespierre in Capets Hinrichtung, für Condorcet in seiner Verurteilung. Zwei Definitionen des revolutionä-

* Condorcet, zitiert nach Robinet, *Condorcet, sa vie, son œuvre*,
  Paris 1893, S. 249
** Condorcet, zitiert nach L. Cahen, *Condorcet et la Révolution
  française*, Paris 1904, S. 459

197

ren Kampfes stehen sich hier gegenüber und offenbaren zum ersten Mal ihre grundsätzliche Unvereinbarkeit: In der einen erhebt sich das Recht gegen die Willkür; in der anderen erhebt sich das Volk gegen seine Feinde, und die Menschenrechte sind nicht mehr unantastbar, wenn sie außer Kraft gesetzt werden müssen, um dem Volk zu seinem Sieg zu verhelfen.

Der Konvent entscheidet sich weder für die juristische Position Condorcets noch für die – maximalistische – von Robespierre. Der König wird gerichtet, aber von den Volksvertretern selbst, trotz der Befürchtungen, die Condorcet angesichts der Vorstellung zum Ausdruck bringt, daß ein und dieselbe Instanz »zugleich als Kläger, Richter und Partei« auftritt und daß die Abstimmung der Konventsmitglieder durch Handzeichen stattfindet, während bei dem Gericht, an das der Enzyklopädist gedacht hatte, »das Gesetz dem Angeklagten das Recht gewährt, Geschworene abzulehnen, und die Richter ihre Stimme in einer geheimen Wahl abgeben.«

Doch die Schreckensherrschaft, die sich einige Monate später etabliert, entscheidet die Frage zugunsten von Robespierre. Seine Liebe zu den Unterdrückten macht alle Hindernisse und alle Schikanen zunichte, die das Gesetz ihm in den Weg stellt. Die Schaffung des Revolutionstribunals ermöglicht es ihm, schnell und hart durchzugreifen: ein allmächtiger öffentlicher Ankläger; keine Verteidiger für die Vaterlandsverräter; keine Zeugen, wenn ungeachtet der Zeugenaussagen materielle oder moralische Beweise existieren. Aus Liebe zum einfachen Volk wird jegliches Recht aufgehoben.

Das Mitgefühl hat seinen richtigen Gegenstand wiedergefunden: es vergeudet nicht mehr für Kain eine Energie, die es ausschließlich der Sache Abels schuldet. Und nichts, keine formelle Rechtsprechung, vermittelt zwischen den Feinden des Volkes und der schrecklichen, ihnen von der tatkräftigen Fürsorge für die Notleidenden zugedachten Strafe.

Volk: das ist, wie Hannah Arendt anmerkt, das Schlüsselwort der französischen Revolution. Es bezeichnet zugleich den Teil und das Ganze, die Plebs und die gesamte Bevölkerung. Dieser letzteren will die Revolution die Herrschaftsgewalt übergeben. Schon die Philosophen der Aufklärung haben gesagt, daß die Fürsten ihre Macht nicht von Gott, sondern vom Volk, das heißt von der Gesamtheit der Bürger, erhalten. Die Revolutionäre setzen hinzu, das Volk solle von nun an diese Macht, deren einzig rechtmäßiger Ursprung es selbst sei, auch wirklich ausüben. Eine eingeschränkte Macht freilich, die alle individuellen Rechte ausdrücklich respektieren und garantieren muß. Die Revolution will sowohl konstitutionell als auch demokratisch sein und dadurch die beiden Todsünden des Absolutismus zu Fall bringen: die Herrschaft eines einzelnen und die unumschränkte Herrschaft.

Zweifellos Grund genug, um die Bürger zufriedenzustellen, die zwei Fliegen mit einer Klappe schlagen, die sowohl ihre Rechte wiedererlangen als auch — wenigstens in der Sanktion durch die Wahl — an der Macht beteiligt sind. Aber was ist mit der Plebs? Mit dem Volk der Notleidenden, »der riesigen, arbeitenden Klasse, der diese erlauchte, vom Hochmut für abwertend erachtete

Bezeichnung vorbehalten ist?«* Verlangen sie nicht mehr? Geht es an, daß ihr Leid auf dieselbe Stufe mit seiner Ursache, dem Überfluß, gestellt wird? Mit anderen Worten, ist es gerecht, die Henker mit derselben Rücksicht zu behandeln wie ihre Opfer? Die wahren Freunde des Volkes antworten: nein. Sie empören sich über die prozeßwütige Behutsamkeit und über ein Recht, das beratschlagt, anstatt zu vernichten, das Urteile fällt, anstatt Blitze zu schleudern**, das *in einer bereits abgeurteilten Welt* darauf beharrt, noch zu urteilen, während es, wäre es tugendhaft, sich darauf beschränken müßte, Vergeltung zu üben. Das Leid der Plebs, wird Marx später sagen, ist universal, ein absolutes Unrecht. Welcher Beleg fehlt denn in diesem niederschmetternden Dossier noch, um endlich die Gegner bestrafen zu können? *Die Sache ist klar*: jegliche Unentschlossenheit verrät nur die schändliche Absicht, die Parteigänger des Despotismus vor dem Zorn des Volkes und der Herrschaft der Freiheit zu schützen. »Nein«, schreibt Edgar Quinet, *republikanischer* Historiker aus dem 19. Jahrhundert, »nicht sachliche Notwendigkeit, sondern falsche Vorstellungen haben das Schreckenssystem hervorgebracht.«*** Die falschen Vorstellungen einer wahnsinnigen Liebe: das eifernde Mitgefühl, die Hingabe an die Plebs haben dem Volk insgesamt die

* Maximilien Robespierre, zitiert nach J.-L. Talmon, *Les origines de la démocratie totalitaire*, Paris 1966, S. 124
** »Die Völker richten nicht wie Gerichtshöfe: sie fällen keine Urteile, sie schleudern Blitze.« Maximilien Robespierre, *Textes choisis*, a.a.O., S. 74
*** Edgar Quinet, *La Révolution*, a.a.O., Bd. II, S. 36

Rechte wieder genommen, die die Revolution für es errungen hatte. »Nachsicht mit den Royalisten! . . . Gnade den Ruchlosen! . . . Nein! Gnade der Unschuld, Gnade den Schwachen, Gnade den Notleidenden! . . . Gnade der Menschheit!«*

Der Doppelsinn des Wortes »Volk« offenbart die beiden Auffassungen von Demokratie, in die sich unsere Modernität seit der französischen Revolution teilt. In ersterer wird das Wort »Volk«, das ursprünglich von den herrschenden Klassen in einem abfälligen Sinne den Leuten niederer Abkunft vorbehalten war, immer weiter gefaßt, bis es ohne Ausnahme alle Staatsbürger einbezieht. Die Ungleichheit der Verhältnisse hebt die gemeinsame Zugehörigkeit nicht auf, es gibt nur eine einzige Menschheit, nur ein Volk, selbst wenn mehrere verschiedene oder antagonistische gesellschaftliche Gruppen existieren. In der anderen Auffassung siegen die Unterschiede über die Nähe, die Ungleichheit der Verhältnisse hebt die gemeinsame Zugehörigkeit wieder auf, es gibt zwei Menschheiten: die Plebs und ihre Feinde. Nicht jeder gehört zum Volk, das Volk dagegen ist alles, aber, wie Sieyès** sagt, ein von einem privilegierten Stand, der sich zu seinem Unglück verschworen hat, »gefesseltes und unterdrücktes Alles«. Und was wollen Condorcet und seine Freunde, wenn sie für den Kopf dieser Verschwörung einen völlig ordnungsgemäßen Prozeß for-

* Maximilien Robespierre, zitiert nach Talmon, Les origines de démocratie totalitaire, a.a.O., S. 147
** Emmanuel Joseph Sieyès (1748-1836), Revolutionär von 1789 und 1799, neben Mirabeau Wortführer der gesellschaftspolitischen Neuordnung; A.d.Ü.

dern? Was bedeutet ihr Legalismus? Warum sind sie so versessen darauf, eine abgeschlossene Angelegenheit noch einmal aufzurollen und wieder in Frage zu stellen, ob Ludwig XVI. schuldig ist und ob man ihm eine Strafe auferlegen kann? Sie versuchen, den Tyrannen zu retten, sie treten für die Sache des Royalismus ein, kurz, sie sind nur so pedantisch, weil sie parteiisch sind. Das ist zumindest Robespierres Überzeugung. Unter dem Vorwand, die Formen zu wahren, behindern sie mit ihren juristischen Spitzfindigkeiten und ihren Verschleppungsmanövern das Funktionieren der Justiz. Man kann nicht Richter und Partei sein, erklärt Condorcet. Man kann nur Partei sein, gibt Robespierre zurück. In dem endlosen Nahkampf, den sich das Volk und seine Feinde liefern, ist kein Platz für eine neutrale Instanz. Die Unparteilichkeit ist ein Schwindel und der Verweis auf einen allgemeinen Rechtsgrundsatz eine Art, die Volksjustiz zu entwaffnen und ein fiktives Schiedsgericht zu begünstigen. In der Nacht der – von den Marxisten später als bourgeois bezeichneten – Legalität sind alle Katzen grau: die Stärksten und die Schwächsten, die Kapitalisten und die Arbeiter, die Gefängniswärter und die Häftlinge – mit einem Wort, diejenigen, die den Schaden zufügen, und diejenigen, denen man ihn antut. Die Konflikte werden erst entschieden, nachdem man sie in eine Welt verlegt hat, in der ihre Bedeutung sich verflüchtigt. Die juristische Gleichheit verdeckt die soziale Ungleichheit und bringt die Gewalt, die sie verjagen wollte, wieder zurück.

Dieser Logik zufolge ist man für die Unterdrückten oder für die Unterdrücker, für die Ruchlosigkeit oder für die Menschheit, doch keinesfalls kann man zwischen den beiden Polen vermitteln. Der Kampf zwischen der Plebs und ihren Feinden kann mit Engagement *geführt*, nicht jedoch *geschlichtet* werden. Das Recht selbst wird also von dem eifernden Mitgefühl gerichtet und für sein doppeltes Verbrechen – Heuchelei und Obstruktion – verurteilt.

Condorcets Omelett

Was bedeutet Güte? Sie bedeutet, beim Aufruf durch das Antlitz »hier bin ich« zu antworten. »Hier bin ich, unter Euren Augen, Euch verpflichtet, Euer Diener.«* Sie bedeutet, sich durch die Stimme, die zu einem spricht, in Frage gestellt zu fühlen – aufgefordert, genötigt, angeklagt –, und sie bedeutet, diese maßlose Verantwortung anzunehmen. Sie bedeutet, statt sich zu verhärten oder sich abzuwenden, den Nächsten schlechten Gewissens – denn das ist die Modalität der moralischen Gastfreundschaft – aufzunehmen. Von Güte kann man sprechen, wenn ein Mensch »das spontane Fortschreiten seines Lebens aussetzt«**, das Interesse an seinem eigenen Sein verliert und sich mit einem anderen Sein beschäftigt. Etwas, das nur zu selten geschieht, bedauert man gewöhnlich und vergißt dabei, daß Schuldgefühle oder schlechtes Gewissen der Menschheit ebenso gefährlich werden können wie das Zurückweisen der Verant-

* Emmanuel Lévinas, *De Dieu qui vient à l'idée*, a.a.O., S. 123
** Emmanuel Lévinas, *Totalité et infini*, a.a.O., S. 34

203

wortung. Das Böse, das nicht nur verbrecherisch sondern auch gewitzt ist, geschieht mindestens ebenso oft
aufgrund der Güte wie aufgrund der Grausamkeit. Und
das »hier bin ich« hat in der jüngsten Geschichte Schäden angerichtet, die in ihrem Ausmaß und an Abscheulichkeit denen, für die das »Ich, ich . . .« verantwortlich
ist, gleichkommen.

Die Güte verwandelt meine Beziehung zum Nächsten
in Angst um ihn. Ja, aber wer ist mein Nächster? Wir
sind nicht nur zwei. Von Anfang an gibt es den Dritten,
»einen anderen als den Nächsten, aber auch ein anderer
Nächster«.* Daher stellt sich sofort die Frage: »Was
haben sie einander getan? Wem gebührt der Vorrang?«**
Welchem Antlitz soll ich mich widmen? Man muß den
Elan des »hier bin ich« also bremsen, muß vergleichen,
abwägen, beurteilen, überlegen. Der Mensch wird durch
das Antlitz zur Güte genötigt, doch die Güte wird wie-
derrum durch die Vielzahl der Gesichter zum Denken
genötigt: »Die weltliche Moral fordert zu einem schwierigen Umweg zu den Dritten auf, zu denen, die außerhalb der Liebe geblieben sind.«***

Nur um den Preis furchtbarer Verwüstungen kann
man die Existenz mit dem Satz »liebet und tut, was Ihr
wollt« als einzigem Kapital bestreiten. Nichts ist leichter
zu lenken als eine gedankenlose Güte, nichts terroristi-
scher als eine Güte, die sich auf ein gefrorenes, unwider-

* Emmanuel Lévinas, *Autrement qu'être ou au-delà de l'essence*,
  a.a.O., S. 200
** Ebd.
*** Emmanuel Lévinas, *Le moi et la totalité*, in: *Revue de métaphy-
   sique et de morale*, 1954, Nr. 59, S. 361

rufliches Wissen stützt, auf ein Denken, das behauptet, das Problem des Anderen ein für allemal geregelt zu haben. Die gedankenlose Güte überlegt nicht, sondern antwortet mit unermüdlicher Bereitschaft auf die Hilferufe, die an sie gerichtet werden: Das ermöglicht es dem Teufel ebenso wie Gott, sie in Dienst zu nehmen. Die andere Güte *hat überlegt* und setzt nun nur noch ihr moralisches Fazit in die Tat um. Für die gedankenlose Güte gibt es kein Problem: ihr »hier bin ich« ist bedingungslos und unmittelbar. Für das eifernde Mitgefühl gibt es kein Problem *mehr*: es hat die Vielzahl der Gesichter auf zwei beschränkt und stellt sich voller Begeisterung in den Dienst der Plebejer. Der Andere, das ist das Volk. Den König zu richten, *richten überhaupt*, bedeutet für den unbestechlichen Robespierre, diese elementare Identität aufzulösen und dem offensichtlichen Elend mit einer skandalösen Gefühllosigkeit zu begegnen.

»Der Weg verläuft jedoch von der Verantwortung zum Problem«.* Die Nächstenliebe führt nur unter der Bedingung zur Gerechtigkeit, daß die Frage des Anderen offen bleibt; die Nächstenliebe führt zum Terror, sobald sie glaubt, die Frage des Anderen gelöst zu haben.

Condorcet fällt dieser schneidenden Güte, deren Gegner er war, schließlich zum Opfer. Am 8. Juli 1793 ergeht ein Haftbefehl gegen ihn, weil er gegen die von den Konventsmitgliedern verabschiedete Verfassung protestiert

* Emmanuel Lévinas, *Autrement qu'être ou au-delà de l'essence*, a.a.O., S. 205

205

hat. Er flüchtet sich zu der Witwe des Malers Horace Vernet, die in ihrem Haus in der Rue des Fossoyeurs, in der Nähe des Jardin du Luxembourg, »immer einige Leute in Kost und Logis nahm.«* Dort verfaßt der geächtete Philosoph den *Entwurf eines historischen Überblicks über die Fortschritte des menschlichen Geistes*, mit dem er, wie Michelet sagt, »die Schreckensherrschaft mit den siegreichen Angriffen der Vernunft schrecken will«.** Als die Arbeit fertig ist, möchte Condorcet seine Gastgeberin nicht länger gefährden und begibt sich zu Fuß nach Fontenay-aux-Roses zu einem befreundeten Paar. Doch diese wagen es nicht, ihm Gastfreundschaft zu gewähren. Condorcet irrt eine Nacht und einen Tag über Land. Am Ende seiner Kräfte angelangt, kehrt er in eine Schenke in Clamart ein und bestellt ein Omelett aus mehreren Eiern, das er mit einem Goldstück bezahlt. In seiner Tasche steckt ein Bändchen mit Gedichten von Horaz. Kein Detail ist unbedeutend in Zeiten sozialen Krieges. Alles ist Zeichen. Die unverhältnismäßig vielen Eier, das Goldstück, die lateinischen Verse - lauter Hinweise auf die aristokratische Herkunft des Vagabunden. Denn die Schreckensherrschaft, die man – positiv wie negativ – gewöhnlich mit der Aufklärung in Verbindung bringt, ist nicht deren Krönung, sondern ihre Negation. Die, die man Philosophen nennt, verehrten das Wissen und bekämpften als Obskurantismus alle Kräfte, die sich der Unab-

* Jules Michelet, *Histoire de la Révolution française*, a.a.O., Bd. II, S. 761
** Ebd., S. 762

hängigkeit und der Vermittlung des Wissens entgegen-
stellten. Sie hatten, wie Grimm es ausdrückt, die »Wör-
terbuchwut«, das heißt sie wollten den Aberglauben
durch das Sammeln und Verbreiten von Kenntnissen
vernichten. Die Schreckensherrschaft hat diesen Elan
gebrochen und ihn durch einen neuen Obskurantismus
ersetzt: Wissen ist verhaßt, doch nicht mehr, weil es
gegen das Dogma verstößt, sondern weil es nicht vom
Volk kommt. Nicht der Ungehorsam wird mißbilligt,
sondern das elitäre System und die Untätigkeit. Horaz
zu lesen ist sicher kein Sakrileg; doch diese unproduk-
tive, eitle Tätigkeit bescheinigt dem, der sich ihr hingibt,
Stolz auf seinen Müßiggang und Verachtung für das
Allgemeine. Die Sansculotten* betrachten Bildung nicht
mehr als universalen Wert, sondern bereits als Beleidigung der Gleichheit, als obszönes Unterscheidungs-
merkmal. Mit der Schreckensherrschaft wird der aufge-
klärte Mensch abgesetzt, hört er auf, ein Vorbild für die
anderen Menschen zu sein und wird suspekt: »Die Bau-
ern, die dort tranken (das Revolutionskomitee von Clamart), sahen fast sofort, daß das ein Feind der Republik
war.«**

Vermutlich hatten die Mitglieder dieses Komitees
noch niemals vom Autor des *Essai sur le calcul intégral*
gehört, aber so zurückgeblieben sie auch sein mochten,
so hatten sie doch ein scharfes soziologisches Auge und
konnten einen Nicht-Plebejer identifizieren. Diese

* Bezeichnung für die proletarischen Revolutionäre der Französischen Revolution; A.d.Ü.
** Ebd., S. 763

modernen Inquisitoren hätten Galilei nicht wegen des Inhalts seiner Entdeckungen verurteilt, sondern wegen seiner »aristokratistischen« weißen Hände und wegen seiner unproletarischen Gelehrtheit. Dem Volk dienen – das bedeutete aus ihrer Sicht, alle, die zu Kains Sippe gehörten und sich bei Abel eingeschlichen hatten, alle in der neuen egalitären Welt noch verborgenen Schmarotzer und Privilegierten ausfindig zu machen und zu denunzieren. Condorcet wird also festgenommen und in das Gefängnis von Bourg-la-Reine gebracht. Am nächsten Morgen wird er in seiner Zelle tot aufgefunden. Es heißt, er habe Gift genommen und so der Republik »die Schande des Vatermordes, das Verbrechen, den letzten Philosophen zu erschlagen, ohne den es sie nicht gäbe,« erspart.*

Die Moral dieser Geschichte (ebenso wie von Germana Stefaninis Schicksal) ist, daß die Moral selbst methodisch und behutsam gegen ihre eigene *Hybris*, gegen ihre eigene Ungeduld vorgehen muß. Soziale Gerechtigkeit kann es einerseits nur auf Kosten der Privilegien geben, die man – ihren Opfern gegenüber gleichgültig – aufrechterhalten will, und andererseits auf Kosten der Volksjustiz, die im Namen des universalen Opfers spricht und unweigerlich auf eine Lynchjustiz hinausläuft. Die Liebe ruft zum Anderen, zu seiner Schwäche, zu seinem Antlitz, zu seiner Einmaligkeit – eine Welt, die jeden Augenblick in den eisigen Wassern der egoistischen Berechnung oder der reinen Verwaltung der Menschenmassen zu versinken droht. Diese Liebe zum ande-

* Ebd., S. 764

ren Menschen muß jedoch auch unterscheiden können und sich um die Wahrheit bemühen. Sie wird also wieder berechnend, zur »überlegten Untersuchung ständig neuer Probleme«* gezwungen und fortwährend daran erinnert, daß das Anderssein keinen Träger hat, daß die Sache niemals klar ist, und daß es auf die Frage: wer ist der Nächste? keine abstrakte oder definitive Antwort gibt. Als ob zu dem Gebot zu lieben, das das Antlitz des Nächsten für uns bedeutet, noch der Befehl zu philosophieren hinzukäme, das heißt, in Umkehrung der Redewendung, *die Liebe weiser machen*, durch das dauernde Bemühen des Verstandes, der Versuchung zu widerstehen, dem anderen Menschen eine einmalige und unwandelbare Gestalt zu verleihen. »In der Nähe des anderen belagern mich alle anderen als der andere, und schon schreit die Besessenheit nach Gerechtigkeit, fordert Maß und Wissen, ist Gewissen.«**

Wenn Flaubert zufolge die Dummheit darin besteht, ein Fazit ziehen zu wollen, dann deshalb, weil man im Grunde niemals über den Anderen Bescheid weiß, weil man ihn weder lokalisieren noch definieren kann. So wie die leidenschaftliche Liebe lehrt, daß der Andere uns über die Vorstellung, die wir von ihm haben, hinausführt; und wie das Gewissen die Liebe lehrt, daß keiner den Titel des Nächsten für sich allein in Anspruch nehmen kann.

* Georges Hansel, *Le talmud, le folklore et le symbole*, in: *Colloque des intellectuels juifs de langue française: Israel, le judaïsme et l'Europe*, Paris 1984, S. 98
** Emmanuel Lévinas, *Autrement qu'être ou au-delà de l'essence*, a.a.O., S. 201

Das hitzige Ungeheuer

Dem Staat, »dem kältesten aller kalten Ungeheuer«[*], wird gewöhnlich die Hauptschuld für den Terror in die Schuhe geschoben. Den demokratischen Gesellschaften, die noch imstande seien, den einzelnen vor der Gier des Big Brother zu schützen, stünden die totalitären Gesellschaften gegenüber, die – wie der Name schon sage – zum Raub des totalen Staates geworden seien. Den Staat zurückzuhalten: darin bestehe die großartige und zerbrechliche Leistung der Freiheit. In jenem Teil der Welt dagegen, wo der Terror Gesetz sei, seien die Hindernisse umgestoßen worden, der – inkontinente – Staat habe sich über die gesamte Oberfläche der Gesellschaft ergossen und dem Individuum keinerlei Rückzugsmöglichkeit, keinerlei Zuflucht mehr gelassen. Glücklich oder wenigstens friedlich könne man nur in den partiellen Staaten, den *verhinderten* Staaten leben, und die Bezeichnung totalitär verdiene der sich selbst überlassene Staat.

»Der Staat ist zu einem Idol geworden, das fordert, daß das Individuum und die Nation ihm geopfert werden«, schrieb Franz Rosenzweig schon im ersten Jahrzehnt unseres Jahrhunderts. Eine Warnung? Weniger vielleicht als das, was Michelet – immer noch in bezug auf Robespierre – sagt: »Er macht aus dem Volk nicht das natürliche und glaubhafte Organ der ewigen Gerechtigkeit, sondern er scheint es mit der Gerechtigkeit

[*] Friedrich Nietzsche, *Also sprach Zarathustra*, in: *Werke in drei Bänden*, München 1966, Bd. 2, S. 313

selbst zu verwechseln. *Unsinnige Vergöttlichung des Volkes, durch die diesem das Recht unterworfen wird.*«*

Das ganze 19. Jahrhundert hindurch haben die republikanischen Historiker sich mit der Frage beschäftigt, warum die französische Revolution in den Terrorismus abgedriftet ist und welche Risiken die Demokratie birgt, zur Diktatur zu werden. In ihren Augen wird die Freiheit nicht vom Staat als solchem getötet, sondern von der Vorstellung, ein Staat habe alle Rechte, sobald die Massen ihn in Besitz genommen haben. Eine Republik, die nicht Schreckensherrschaft sein will, muß also den Zugang des Volkes zur Souveränität mit der Notwendigkeit in Einklang bringen, die Freiheiten vor der Macht des Volkes zu schützen. Der Staat sollte also vom Volk ausgehen und zugleich die individuellen Rechte vor jedem Mißbrauch – auch vor dem Mißbrauch durch den Willen der Allgemeinheit – bewahren. »Jede Usurpation dieser Rechte«, schreibt beispielsweise Ledru-Rollin, »wäre eine Beleidigung der Menschheit, und wenn, bis auf einen, das ganze Volk Komplize dieses Verbrechens wäre, so bedeutete es dennoch ein Attentat auf das soziale Gesetz, auf das Prinzip, auf das Dogma der Souveränität, denn es gäbe einen Sklaven oder einen Märtyrer.«** Abtretung der Macht an das Volk und Weigerung, die Willkür zu rechtfertigen, selbst wenn das Volk sich ihrer schuldig macht: der republikanische Gedanke ist aus einer zweifachen Forderung hervorgegan-

* Jules Michelet, *Histoire de la Révolution française*, a.a.O., Bd. II, S. 203
** Ledru-Rollin, *Du gouvernement direct au peuple*, zitiert nach Claude Nicolet, *L'idée républicaine en France*, Paris 1982, S. 366

gen, nämlich den Prozeß der Revolution sowohl fortzu-
führen als auch zurückzunehmen.

So ist das »arme 19. Jahrhundert« reicher an Einsich-
ten in das Phänomen des Totalitarismus als alle heute
dem Staat entgegengeschleuderten Anathemata.* Denn
von Libyen bis Rußland gibt es gegenwärtig nur noch
Volkstyranneien. Das Modell von 1793 hat sich perfek-
tioniert und ist ausgeschwärmt: mit dem Volk als Refe-
renz und Emblem stellt die Macht den kollektiven Willen über die grundlegenden Freiheiten und zerreißt somit
die Verfassungen, entäußert sich der unveräußerlichen
Rechte, erstickt das soziale Leben unter dem Gewicht
einer gigantischen Bürokratie und errichtet die Schrek-
kensherrschaft. Mit einfachen Worten: der Totalitarismus beruht auf einem Götzendienst am Volk und nicht
auf einem Götzendienst am Staat.

Man stimmt heutzutage beinahe einmütig folgender
Feststellung zu: In totalitären Regimes jeglicher Couleur
werden die Armen im Namen der einfachen Leute unterdrückt. Die Plebs wird mit Worten geehrt, in Wirklichkeit jedoch unter Aufsicht gestellt, und wenn man die
Spreu vom Weizen trennen will, *scheint das Volk ausschließlich aus seinen eigenen Feinden zu bestehen.*
Doch es genügt nicht, den Gegensatz zwischen der repressiven Wirklichkeit und der hymnischen Sprache auf-
zuzeigen oder den ersten Sturm des Volkes mit dem
Polizeistaat, in dem er seinen Niederschlag findet, zu
vergleichen. Denn die Heiligsprechung des Volkes er-

---

* Zu einer Kritik der Staatsfeindlichkeit vgl. Blandine Barret-Kriegel,
L'Etat et les esclaves, Paris 1979

zeugt den Despotismus: die Hymne führt zur Unterdrückung, die stürmische Begeisterung zur Bürokratie, und die Liebe ist nicht die Maske, die der Verbrecher überstülpt, um den Verdacht zu zerstreuen, sondern gerade das Motiv des Verbrechens. Ursache des Terrors ist nämlich die Vorstellung, dem Volk sei alles erlaubt: da die Legitimität vom Volk ausgehe, sei alles, was vom Volk kommt, legitim. »Ewiger Trugschluß der Plebejer, daß sie nach Gutdünken Absolutismus betreiben können, daß diese Waffe in ihren Händen niemanden verletzt, daß sie für sie Achills Lanze ist; daß, sofern nur sie selbst die Tyrannei ausüben, diese sogleich alles Schlimme verliert und zur Wohltat wird.«* Die totalitäre Gewalt entspringt diesem Trugschluß, dieser Verwechslung. Die Anmaßung (sich an die Stelle des Volkes setzen) und die Unterwerfung (nichts gegen den Willen des Volkes unternehmen) entstehen paradoxerweise aus der Vergötterung (das Volk kann alles).

Volk gegen Staat, Übereinstimmung gegen Überlegung: so sieht das – faschistische oder kommunistische – totalitäre Programm aus. Den einen geht es darum, die rechtlichen Institutionen der Bekräftigung des nationalen Willens zu unterwerfen; die anderen wollen die Partei der Unterdrückten an die Stelle des Staates setzen und gründen im Namen des Rechtes der Schwächsten eine »rechtlose Zivilisation« (Sinowjew). Um das Recht auf Sicherheit, die Wahrung des inneren Friedens und die bürgerlichen Freiheiten – das heißt zugleich die Aufgaben und die Grenzen, die die klassischen Rechts-

* Edgar Quinet, *La Révolution*, a.a.O., Bd. II, S. 111

gelehrten der souveränen Macht zugewiesen und gesetzt hatten – zu zerstören, stützen die Faschisten sich auf die Dynamik der Massen und auf deren primitive Begeisterung. Das Volk, das sie schildern und das sie feiern, wird mit der aufstrebenden Bewegung des Lebens gleichgesetzt: es ist der strahlende Ausdruck der organischen Spontaneität, der schöne, gesunde, von der Intelligenz noch unverdorbene Instinkt, die skrupellose Stärke, die noch keine Schuld hat an dem, was sie kann, die animalische Kraft, die für ihre Handlungen noch nicht einstehen, ihre Impulse noch nicht rechtfertigen muß, die natürliche Gemeinschaft vor der Dekadenz der Moderne: »Das Volk hat mir die menschliche Substanz offenbart und, mehr noch, die schöpferische Kraft, den Lebenssaft der Welt, das Unbewußte.«*

Die Kommunisten ihrerseits berufen sich als Erben des jakobinischen Terrors auf das universale Leiden des Proletariats. Sie prangern, um Marx' Ausdruck aufzugreifen, »das absolute Unrecht« an, das dem Arbeiter als Lohnempfänger zugefügt wird.** Was will das Volk im einen Fall? An sich reißen, unterjochen, beherrschen, kurz: nach der Macht greifen. Was will das Volk im anderen Fall? Mit dem Schaden, der dem größten Teil der Menschheit durch die Ausbeutung zugefügt worden ist, aufräumen und dadurch die Welt retten. Es stehen sich also gegenüber – und laufen doch auf dieselbe Gewalt hinaus – das Volk als Lebenskraft,

* Maurice Barrès, *Le Jardin de Bérénice*, in: *Le culte du Moi*, Paris 1922, S. 350
** Vgl. J.-F. Lyotard, *Tombeau de l'intellectuel et autres papiers*, 1984, S. 19

die durch nichts gezügelt werden darf (Hitler: »Recht ist das, was dem Deutschen Volke nützt«), und das Volk als Märtyrer, das sich gegen seine Peiniger erhebt, der reine Wille zur Macht und der heilige Wille der Wiedergutmachung, der Aufstand gegen die Liebe und die Festlegung der Liebe, ein Wesen, das danach strebt, sich in seinem Sein zu entfalten, und der Andere, der nur ein Gesicht hat und dem fraglos gedient werden muß.

Die beiden Motive verbinden sich zum ersten Mal in der Dreyfus-Affäre. Schuldig, weil Jude, sagt Barrès und preist überschwenglich das Volksempfinden gegen Dreyfus, in dem er den Anderen haßt. Kein Opfer, weil reich, behaupten andererseits Guesde und Viviani*; sie wollten ihr eiferndes Mitgefühl nicht für einen Privilegierten vergeuden und die Bedeutung, die der Affäre beigemessen wurde, schien ihnen verdächtig. »Für einen Armen täte man nicht soviel.« In den Augen des Autors des *Culte du Moi* verkörpert Dreyfus den Anderen. Für die Sozialisten, die Jaurès vorhalten, sie in einen fragwürdigen Kampf hineinziehen zu wollen, ist der Proletarier der Andere, und Dreyfus – Offizier und Bourgeois – verdient diese Bezeichnung mitnichten. Weder die Prinzipien, auf die er sich beruft – Ehre, Vaterland, Uniform –, noch seine Laufbahn, weder seine Herkunft noch sein Umgang – nichts in Dreyfus' Person oder Umgebung entspricht dem Archetyp des Opfers: er ist »von der Wertschätzung ausgeschlossen, die einem Menschen

---

* Jules Guesde (1845-1922) und René Viviani (1863-1925), französische Sozialisten, Journalisten, Politiker; A.d.Ü.

ohne materiellen Rückhalt zusteht.«* So hat Dreyfus die Vorurteile sowohl des Hasses als auch der Liebe auf sich gezogen. Er wird als Anderer verurteilt oder im Namen des Anderen, ist nicht aus dem Volk und gibt einen erbärmlichen Märtyrer ab. Selbst seine Verteidiger belasten ihn, weil sie ihn seines Schicksals nicht für würdig erachten. Und diese Kluft zwischen dem Symbol und dem Antlitz, zwischen der Sache der Unglücklichen und dem verfolgten Menschen, zwischen dem mutmaßlichen Anderen und dem tatsächlichen Anderen macht Dreyfus zu einem Helden unserer Zeit und die Affäre selbst zu »einem unerschöpflichen Thema des Nachdenkens.«**

Die Gefängniswärterin Germana Stefanini, der Hauptmann Dreyfus und Condorcet, der Enzyklopädist, sind Opfer der beiden Fanatismen, die dem Menschen im Namen des Volkes die Möglichkeit bieten, seine Menschlichkeit aufzugeben. Der Mensch ist dem Antlitz des Nächsten verpflichtet, zu einer Verantwortung verurteilt, die er nicht gewählt hat, und zugleich den ständigen Fragen der vielen anderen Gesichter ausgesetzt, dem, was Levinas »das Eintreten – ein pausenloses Eintreten – des Dritten in die Vertrautheit des Von-Angesicht-zu-Angesicht« nennt.*** Eine doppelte Bürde lastet auf dem Menschen, die Verpflichtung und die abwägende Überlegung. Sein Leben ist von Anbeginn ethisch und

* Maurice Blanchot, *Die Intellektuellen im Kreuzfeuer*, in: *Akzente* 5, München 1984, S. 415
** Ebd., S. 408
*** Emmanuel Lévinas, *Autrement qu'être ou au-delà de l'essence*, a.a.O., S. 205

problematisch, Ernüchterung von sich selbst durch den Nächsten und Ernüchterung vom Nächsten durch alle anderen. Das Volk als Opfer zieht einen Schlußstrich unter das Problem (man weiß ein für allemal, wer der Andere ist), das Volk als Lebenskraft unter die Verantwortung (man behandelt alles, was anders ist, als Feind). Der heilige Egoismus proklamiert den Drang des Menschen nach Emanzipation von der Liebe. In der Heiligsprechung der Arbeiterklasse zeigt sich der Drang der Liebe nach Befreiung von der Weisheit. Und weil die Weisheit und die Liebe kein Vergnügen, sondern unerwünschte Berufungen sind, schwer zu tragende Lasten, schwankt die Menschheit zwischen den beiden Polen einer unüberlegten Moral und eines unmoralischen Imperialismus.

Pascal Bruckner/Alain Finkielkraut
Die neue Liebesunordnung

Aus dem Französischen von Hainer Kober
2. Auflage 1980. 324 Seiten.

»Bescheidener Hinweis auf ein fulminantes Werk! . . . In erster
Linie ist dies ein ketzerischer Text über die Liebe in ihren
verschiedenen Formen, ein lebhafter Trip ins nebulöse Reich
der Sinne, eine herzhafte Polemik gegen die herzlose Sexual-
ordnung . . .«   *Pflasterstrand*

» Jeder Versuchung zur Pauschalisierung begegnen sie mit einer
geradezu exzessiven Lust auf Wirklichkeit, auf deren Wider-
sprüche und Details. So wollen sie mehr als nur die *Funktion*
von Prostitution und Pornographie untersuchen; sie lassen sich
radikal ein auf diese Phänomene. Sie blicken nicht von draußen
auf das Sexgeschäft, sondern schauen von innen aus ihm heraus. Hier ist die Lektüre ein Erkenntnisvergnügen . . .«
                                            Der Spiegel

Carl Hanser Verlag

Alain Finkielkraut
Der eingebildete Jude

Aus dem Französischen von Hainer Kober
1982. 204 Seiten

»Dieses Buch – obwohl in Frankreich geschrieben, gilt es nicht
nur für Frankreich – ist mit Sicherheit die wichtigste Arbeit
zum Thema ›jüdische Identität‹, welche nach dem Krieg geschrieben wurde ... Finkielkraut hat ein großartiges Buch
geschrieben, das Juden wie Nichtjuden gleichermaßen aus der
Idylle ihrer Versöhnungsrituale und Geschichtsanpassung stoßen wird. Hoffentlich.«
Norddeutscher Rundfunk/Westdeutscher Rundfunk

»Die großen Themen sind angeschnitten: Lebenswille und
vollständige Verlassenheit auf der jüdischen Seite. Auf der
deutschen: die Rationalität des Verbrechens, die bürokratische
Gewalt, das Rentabilitätsdenken angesichts des Todes, der
stillschweigende Konsensus nahezu aller Sektoren der Gesellschaft, der dieses ermöglicht hat. Und schließlich die Gleichgültigkeit, um nicht zu sagen: Zustimmung der zuschauenden
Welt. Dabei läßt Finkielkraut bei aller Präzision seiner Formu-
lierungen Raum für das, was nicht sagbar ist, für das Einzig-
artige und Unvermittelbare dieses historischen Augenblicks,
für das Geheimnis dieser Vernichtung, und das ist nicht einer
der geringsten Vorzüge seines Buches.«   *DIE ZEIT*

Carl Hanser Verlag

Pascal Bruckner/Alain Finkielkraut
Das Abenteuer gleich um die Ecke
Kleines Handbuch der Alltagsüberlebenskunst

Aus dem Französischen von Hainer Kober
1981. 304 Seiten.

»Pascal Bruckner und Alain Finkielkraut haben in der Gesellschaft der Pflichtversicherten mit der ihnen eigenen Akribie
allerlei Gewohnheiten, Wiederholungen und Normen ausgemacht, wissen sie gekonnt bis in die letzte Banalität zu sezieren
und illustrieren ihnen gegenüber sprachgewandt eine schil-
lernde Welt voller Ungereimtheiten, Emotionen und Improvi-
sationen . . . Ein wahres Sprachgewitter lassen die Autoren
aufziehen gegen die Zwangsneurosen der ›lets go west‹-Gene-
ration, der supercoolen New Wave Clique und der Nullbock-
fraktion. Sie sind enttarnt als Ereignisschwache, denen ständig
alles über den Kopf wächst . . .«   *Tageszeitung*

»Bruckner und Finkielkraut sind die glänzendsten Rhetoriker,
die Paris zur Zeit zu bieten hat. Ihr Stil gleitet dahin wie die
Landschaft vor den Fenstern des klimatisierten Speisewagens
eines Intercity . . . Was den Traktat übers moderne Leben
angeht, setzen die beiden neue Maßstäbe.«
Norddeutscher Rundfunk

Carl Hanser Verlag